PERIPECIAS
DELICADAS
INAUDITAS

Asunción Urbón

Portada: Jordi Urbón

DEDICATORIA

A mi familia...
a los que se han ido...,
a los que están.

ÍNDICE

I. PERIPECIAS DELICADAS

Presentación

Quería escribir aventuras para adultos, que se pudieran leer en los pequeños momentos, tal vez antes de ir a dormir, o viajando en el bus, incluso en el baño... Y pensé «por qué tengo que inventar, si ya las tengo en mis experiencias de vida». Así empecé por el principio, con la infancia...

Recordando y escribiendo, las que me parecían más simpáticas... he viajado al pasado, incluso lo he hecho presente; así he vuelto a disfrutar ese instante *misterioso*. ¿Y sabes lo que me ha pasado? A medida que iba avanzando en los relatos, he visto a esos adultos con los ojos de hoy, no con los de un niño. Y esa cosa, que algunos tenemos, de cierta ojeriza hacia los padres porque nos ponían límites (incomprensibles entonces), han desaparecido. Los he visto, que hicieron lo que podían y sabían, y lo más importante es que: los padres han de poner límites, en la aventura de la vida estrenada por sus hijos; para que duren y duren, al menos, en el lugar donde han nacido, para que no se los coma el sistema.

Y ahora, he dejado las historias en palabras escritas, que duermen esperando a un lector: que las despierte y jueguen con él su propia historia.

¡Cállate, que es de mentira!

Al llegar la noche, después de cenar, mi papá me sentaba en una silla del comedor y él, lo hacía en su butaca, a mi lado. Luego, abría con embeleso una cajita de metal y miraba con atención esos palos gorditos y de color caca, elegía uno, y se lo ponía en la boca.

A su otro lado, había la estufa de serrín: a toda marcha, con la tapadera al rojo vivo. Con delicadeza, ponía una punta del palo en la tapadera, hasta que empezaba a salir humo; después, el humo salía por su boca y nos envolvía con un aroma especial, momento en que mamá, desde la cocina, refunfuñaba...

—¡Otra vez esa peste...!

Sentada a su lado, yo no podía revolotear por la cocina, por lo tanto, mamá fregaba los platos tranquila. Y, además, porque había novedades importantes que él quería ver.

Se trataba de una caja grandota, colocada enfrente nuestro, encima de un mueble, como si de un bello florero se tratara. Pero que en lugar de flores se podían ver y escuchar conciertos de música clásica, se suponía que la orquesta estaba tocando desde un lugar de Francia. Nosotros vivíamos en un pueblecito español tocando Francia.

Pues bien, hoy iban a poner una película.

Allí, los dos sentados esperando...

—Mira, mira. Ya empieza...

Sí, empezó la película como si en un cine estuviéramos, aunque para mí era la primera vez...

Papá estaba entusiasmado viendo la película; por contra, a mí me parecía que no había para tanto, pues era muy aburrido ver todo el rato lo mismo, hombres a caballo con un sombrero que siempre les tapaba los ojos, gritando cosas raras y conduciendo ganado como posesos, campo a través. Hasta que surgió un problema, entonces uno de los vaqueros sacó de su cinturón una cosa pequeña, y con un sonido feo, tan solo señalando al otro, caía al suelo para no levantarse nunca más.

Comprendí que la muerte puede llegar, no por vejez de uno, sino porque otro la apague a su voluntad.

Lo cual me pareció una maldad y acabé explotando en llantos desoladores... pero papá..., él derrochaba carcajadas.

—Cállate, que es de mentira.

Se reía. Pero yo continuaba llorando con lágrimas a raudales, y mocos como ríos.

Entonces, empezó a enojarse, pues no le dejaba escuchar, y al mismo tiempo se divertía de mi llanto sin fundamento:

—Pero, que es de mentira. Lo hacen ver.

Reía y reía, mientras me sacaba los mocos y luego, me tapaba la boca con el chupete.

Como no me atrevía a saltar de la silla grandota, para salir corriendo. Ahí me tuvo, viendo la muerte "que es de mentira"... cada uno con su chupete. Hasta que por fin mamá me rescató. Había terminado de fregar y era la hora de llevarme a dormir.

Me pregunto si no se vería él, como un vaquero y con pistola en mano: bang, bang, ... Pues buenos amigos todos tenemos, y algún enemigo malo también. » » »

*

¡Cállate, que es de mentira!

La televisión llegó a Europa en el año 1953. En España se inauguró el 28 de octubre de 1956, pero solo llegaba la señal a unos pocos madrileños, aunque pronto se iría extendiendo a todo el país.

La historia transcurre en el invierno del año 1957. En un pequeño pueblo del pirineo español (Puigcerdà), en la frontera con Francia.

Al poco tiempo, algo más se podía ver, no solo la televisión francesa: un dibujo con círculos y este, se suponía desde España. El primer día que apareció, mis padres estaban emocionados.

—Mira "la carta de ajuste".

El dibujo tenía una alta definición de colores: toda la gama de grises, desde el blanco nieve al negro de la noche. Era la señal que pronto algo más se vería, pero no desde Francia, sino desde España, que es donde estábamos nosotros. Aunque solo teníamos que dar un pasito para cambiar de país. Mientras esperábamos que eso ocurriera veíamos la televisión francesa.

Por otro lado, hoy la violencia que nos ofrecen los medios se percibe como normal, porque es el otro quien la sufre. Como si a nosotros no nos pudiera afectar nunca, y nada hacemos hasta que nos atañe, y entonces no hay quien nos ayude. «««

***

Nos mira

Papá, tumbado sobre la hierba, alzaba sus piernas al cielo, luego doblaba un poco las rodillas; hasta que yo conseguía, a veces subida en su tripa, poner una mano en cada una de las suelas de sus zapatos. Entonces, el me cogía por un pie, lo ponía sobre la palma de su mano, lo agarraba bien, y luego el otro. En esta guisa, con nuestras manos en las plantas de los pies del otro, papá aireaba tres palabras:

—¡Cógete bien fuerte!

En ese instante, él alzaba sus manos hacia las estrellas, hasta convertirme en un caballo volador..., queriendo montar el cielo, yo subía y subía; moviendo sus manos y pies, galopaba las alturas, entre las estrellas, a volandas.

Una noche, anunció entusiasmado que iba a pasar algo especial; los dos tumbados en la hierba, esperábamos el paso de algo extraño pero sorprendente: una luz, como una estrella, pero que se movería en el cielo de un lado al otro.

Ahí esperando la luz...

—¡Mira, mira Nena! ¡Ahí está, el Sputnik! —señalando con el dedo al satélite.

Un puntito brillante se movía despacio y derechito, lo seguimos mirando hasta que, por el otro lado del cielo, desapareció.

—¡Da vueltas alrededor de la tierra! —decía papá maravillado.

Lo que tenía de admirable, es que esa estrellita no la había puesto en el cielo el universo, sino los hombres. Y también, porque con ella todos los radioaficionados hablaban entre ellos desde cualquier lugar de la tierra.

Días más tarde, fue mamá quien boquiabierta señalaba las estrellas:

—¡Mira, Nena! ¡La perrita Laika!

Un puntito se movía. Mamá saludaba alegre a la perrita astronauta. Mientras, yo miraba pasmada al puntito.

Ahora, por las noches esperábamos a Laika, el puntito. Cuando aparecía, mamá eufórica y convencida, nos decía:

—¡Nos mira!

Y la acompañábamos un ratito...

Lo que no sabíamos es que Laika, a las pocas horas de despegar, se coció como un pollo.

Los hombres habían puesto dos estrellitas más, de las que ya habían en el cielo; pero tan cerca de la tierra, que las podíamos ver en movimiento. Una nos abría la puerta a comunicarnos entre nosotros; y la otra, si la perrita *Laika* había viajado al espacio, también lo haríamos nosotros: los hombres. Viajar al espacio, al más allá de aquí. » » »

*

Nos mira.

En Rusia, unos señores lanzaron al espacio celeste, el primer satélite el día 4 de octubre de 1957. Lo llamaron Sputnik, que significa en ruso: compañero de viaje. El segundo fue, un mes después, el 3 de noviembre de 1957, pero con una perrita a bordo.

El satélite era una esfera de aluminio de tan solo 58 cm de diámetro, y pesaba 83,6 Kg. Con unos bigotes, de cuatro pelos que medían casi tres metros de largo, esos pelos eran las antenas.

La perrita pesaba unos 6 Kg, y dentro de la esfera no se podía apenas mover. Le pusieron comida en gelatina, y otra envenenada para una vez superados los diez días... No hizo falta, por fallos y roturas en la esfera, se murió cocida. Su vida como astronauta solo duró unas 5 horas.

Por otro lado, papá nos enseñó a encontrar la Osa Mayor y la Osa Menor, además de ver las estrellas fugaces y esa nube: la Vía Láctea. Nos decía:

—Espera y verás tantas estrellas que parecen tocarse. La vista tiene que adaptarse a la oscuridad.

Hoy, con tanta iluminación de calles y carreteras —no se sabe con qué fin—, apenas vemos alguna estrella. En la isla de La Palma (Canarias) son cuidadosos con el exceso de iluminación; es uno de los mejores lugares para contemplar el cielo, sus estrellas y la Vía Láctea. Hay un Observatorio astronómico al que acuden científicos de todo el mundo. «««

* * *

¡Mira donde pisas!

Cuando llegaba el atardecer, mamá me daba la lechera vacía, luego me cogía de la otra mano, y nos íbamos paseando a la lechería, cerca de casa; primero andábamos por un camino de tierra hasta llegar a la carretera, ahí nos parábamos:

—Mira Nena ¿Viene un coche por ese lado?

—No

—¿Y por el otro?

—No

Cruzábamos, y un poco más abajo, estaba la lechería. De regreso, era mamá quien cargaba con la lechera llena. Aunque a veces me dejaba llevarla un poquito. No sé porque buena razón, un atardecer dijo:

—Hoy, vas a buscar la leche, tú sola. Ya vas siendo mayorcita.

Con la advertencia:

—¡No se te ocurra beberla a morro! No está hervida. Te pondrías mala. De regreso, con la lechera llena, al principio iba bien; pero unos momentos después, un triste litro pesaba mil demonios, casi la arrastraba, ... prestaba atención que no rozara el suelo, por lo que andaba algo ladeada... parando a descansar... En uno de los pasos hacía delante, noté como el pie tropezaba con una piedra, y en lugar de avanzar el pie, lo que avanzó de frente fue mi cuerpo entero, que cayó como la tapa dura de un libro, ¡zas! al suelo. Vi como la lechera rodaba dejando toda la leche derramada, como si de una alfombra blanca se tratara. ¿Qué iba a hacer? Pues nada, con la nariz dolorida, una rodilla sangrando y la lechera vacía, para casa. Al llegar, mamá solo dijo:

—¡Mira donde pisas!

Mientras me restregaba las rodillas con agua y jabón, me contó el cuento de la lechera: una niña que también tropezó con una piedra y se le rompió el cántaro de leche; por estar en babia. ¡Por no mirar donde pisas!

Enseguida, mamá ponía la leche a hervir estando muy atenta, porque sino se salía de la olla... Lo mejor venía después, al enfriarse se hacía una capa durilla: la nata. Nos la comíamos a golpe de cuchara, a veces sobre una rodaja de pan. Alguna vez, mamá se disgustaba pues nos quedamos sin leche, no porque yo la tirara, sino porque al hervir se cortaba; se formaban unos grumos, que mamá colaba con delicadeza: en un trapo blanco de algodón, lo escurría... y nos lo comíamos con miel o azúcar.

Cuando la lechera dejó de pesarme, no porque trajera menos de un litro, sino porque era yo la que había aumentado de peso y tamaño, mamá me fue dando nuevas confianzas: la compra del pan, la carne, de las verduras, los huevos...

Hacer el resto de la compra, eran otros malabares delicados.

* * *

Que bonito

Cuando todavía era yo una enanita, de esas que no alcanzan a mirar por la ventana, tuve una idea: hacer lo mismo que mi papá. El con sus lápices dibujaba cosas en papeles, así que me puse a imitarlo; pero pronto me di cuenta de que eran demasiado pequeños para mis dibujos. En cambio, la pared blanca de la cocina era muy grandota, así que continúe pintándola todita, hasta donde podía llegar.

Al día siguiente, después de mi arte pictórico, apareció toda esa pared pintada de verde, hasta algo más de la ventana y continuaba subiendo por las escaleras que llevaban al baño y a las habitaciones. En el primer peldaño, un tesoro: una caja con tizas blancas. Mi papá había sido el artista, y él me enseñó a dibujar con esos palitos blancos sobre la pizarra.

Es decir, le gustó tanto mi arte que invirtió para que lo desarrollara. También tenía un trapo para borrar y vuelta a empezar.

Recuerdo a mi hermanita Cuqui, más enana que yo, en medio de la cocina, sentada en su orinal blanco. Mientras, yo hacía casitas con pequeñas maderas de colores. Terminé una que me placía, levanté la mirada y vi: toda la pizarra repleta de dibujos, pero no con tiza, sino con su caca.

—¡Que bonito! —me dijo muy orgullosa de su obra.

—¡No! ¡Eso, no se hace! Solo con las tizas.

Y se sentó otra vez a cagar. Al terminar, con orinal en mano quería continuar pintando el resto de las paredes... Ahí tuvimos lucha, pero ella se escapaba y rápida como un rayo, con la mano como pincel, pintaba cualquier cosa a su paso, incluida la cocina de carbón. Por fin, terminó toda la pintura, pero se puso a cagar de nuevo. Me preguntaba cómo era posible que cagara tanto. Al rato, ya tenía más material, y vuelta a empezar... Consiguió decorar todo lo que había a su alcance, no solo las paredes, sino además todo el mobiliario, hasta las patas de las sillas..., y satisfecha de su obra, de nuevo afirmó feliz:

—¡Que bonito!

Mientras, las dos en el medio de la cocina, contemplando fascinadas la obra en silencio sepulcral, Cuqui orgullosa y yo incrédula, no por la obra en si, sino por las consecuencias. Vimos como la puerta de la cocina, despacito, se abría y se asomaba la cabeza de mamá. Sus ojos, mientras recorrían las paredes de la cocina, se fueron haciendo cada vez más grandes. Terminó por abrir la puerta de par en par, allí apareció toda ella. Quedó en pie, clavada junto a la puerta, su mirada volvía a recorrer toda la creación artística, sus ojos se iban haciendo cada vez más chiquitos, y empezó a llorar muy afectada.

A todo esto, Cuqui continuaba sintiéndose muy orgullosa. Mamá, llorando a raudales, tal como lo hace un rio embravecido por una tormenta, nos lavó las manos; luego de la mano nos sacó al patio y cerró la puerta en nuestras narices, —desde dentro—, con el pasador. Allí nos quedamos, contemplando la puerta, esperando a que se abriera... Encerradas en el patio, un patio sin muros ni vallas, libres... Cansadas de mirar la puerta... esperando que se abriera de nuevo; le di la mano y nos fuimos, cabizbajas, a esperar sentadas mientras arañábamos la tierra con un palo...

***

Los huesos en su sitio

Cuando llegaba el verano, mis tíos Laude y Milagros me llevaban a pasar unos días a su casa, en otro pueblo muy diferente al que vivía.

Empezando por las fuentes, cada día con mi tía íbamos a llenar una garrafa de agua que olía a huevos podridos, a pesar de ello siempre había cola de gente esperando. Me decía que era muy buena para la salud, la llamaban agua sulfurosa. Por otro lado, mis tíos vivían en un piso de calles estrechas. Nada que ver con mi casa, en que la calle era el patio y los campos. A pesar de ello, los niños bajábamos a jugar ... era muy raro que pasara un coche.

No solo salía a jugar, sino que también ayudaba a mi tía a hacer las camas y en ir a comprar pequeñas cosas.

Un día me pidió que fuera a buscar no sé qué cosa a la tienda de la esquina cruzando la calle. Miré a los dos lados, si podía pasar, tal como me habían enseñado. Vi venir a lo lejos un hombre en bicicleta, y me dije que tocaba esperar a que pasara. Esperando, el tiempo se me hizo infinito, y siempre veía la bici muy lejos, como si nunca fuera a cruzar. Pensé que la distancia era enorme y que podía cruzar sin más. Y eso hice a todo correr; oí un golpe grande que me tiró al suelo y sentí que algo pasaba rodando por encima de mí. Ahí, quedé quieta como un mazo, sin decir ni mu, pues el golpe seco me había hecho de anestesia. Yo no lo vi, pero podía sentir que una pierna colgaba de la rodilla de una forma muy rara.

Me levantaron a hombros, como se lleva a un torero y me llevaron al hospital.

Al llegar, tendida en la cama, el médico palpó mi pierna partida, la escudriñó con atención durante un buen rato. Cuando terminó me dio un pañuelo, diciéndome que cuando quisiera gritar lo mordiera muy fuerte y estirara de él. Que iba a ponerme los huesos en su sitio y eso dolía. Que aguantara valiente y terminaría rápido. Luego pidió a las personas que estaban allí, que me sujetarán en la cama para que no pudiera moverme. Así con el pañuelo en la boca y manos sujetándome, el médico se puso manos a la pierna. Sentí como estiraba el pie de la rodilla, luego palpando y apretando encajaba los huesos rotos como si los quisiera pegar, cosa que haría después la propia naturaleza.

El pañuelo quedó babeado y roto de los estirones, de los gritos apagados. Luego vino la paz. Unas mujeres con una palangana llena de agua, mojaban una cinta blanca y con ella iban envolviendo con delicadeza mi pierna hasta la ingle.

Cuando terminaron tuve que esperar a que se secara. Luego vendría poner un tacón para andar sin malmeter el yeso, eso muy fácil. Pero no tanto, aprender a andar con una pierna tiesa, eso era otro cantar. » » »

*

Los huesos en su sitio.

Los niños desde los dos años a los seis, desarrollan sus competencias o habilidades en valorar el espacio, distancias y tiempo; además de las sociales, ...

"Antes de cruzar mira a los dos lados, que no venga ningún coche ni bici; sino levanta la mano... cuando paren cruza".

Así continué desde muy niña, a buscar el pan, la leche, ... a la escuela. A los 14 años, mi madre me mandó ir a visitar el barrio gótico de Barcelona en tren, y por supuesto volver. No quería ir, pues para mí no era viajar en autobús o en tren a los pueblos de alrededor; sino bastante más lejos, y además, a una gran ciudad. Con las instrucciones de orientación y como evitar a los carteristas (ladrones), ahí que fui y volví.

Los adultos de entonces educaron a esas generaciones en autonomía e independencia responsable. Similar, al estilo japonés en que a partir de los 2 años ya les enseñan a que ellos solos: crucen la calle, vayan a por pequeños recados, a jugar al parque, a viajar en tren o autobús... En suiza, a los 6 años deben ir solos a la escuela.

¿Por qué? Para llegar a la adolescencia preparados ya con un comportamiento, autónomo y social, responsable. « « «

*** *** ***

DICHO Y HECHO

Me encontraba tumbada en una mesa del hospital. Acaban de quitarme la escayola de la pierna. Un médico escudriñaba mi pierna, como si nunca hubiera visto una. Al poco, le oí decir "los huesos se están soldando torcidos" y añadió "Hay que romperle la pierna sino se quedará coja". Como no era capaz de entender, como demonios pensaba hacerlo, me sentía tranquila. El médico empezó de nuevo a palpar con intensidad. De pronto, se para y sin perder de vista la pierna, alza la mano por encima de su cabeza, y como si fuera un cuchillo carnicero rompió mi pierna, al tiempo que yo soltaba un desgarrador alarido. Luego, el mundo se durmió. Cuando desperté, cuatro manos repasaban la nueva escayola.

Por aquel entonces, tenía 4 años. Han pasado más de cincuenta años y no soy coja.

Gracias.

* * *

Para nunca más volver

Mi hermanita Quiqui había intentado bañar al gato en muchas ocasiones: en el bebedero de las gallinas, en el lavadero, ... Lavarlo es un decir, porque nada más entrar en contacto con una triste gota de agua, él salía despavorido. A pesar de la tozudez en querer asear al gato, los dos eran muy amigos. Pero ella, de vez en cuando insistía, tal como lo hacía nuestra madre con nosotras. ¡Que era eso de asearse lamiendo las patas, la tripa, la cola, y por si esto fuera poco: relamiéndose el culo!

Al llegar el sábado, mamá nos metía, de una en una —porque no cabíamos las dos—, en un gran barreño de aluminio. En invierno en medio de la cocina, en verano en medio del corral con las gallinas. Después nos frotaba duro con una esponja de esparto, al terminar nos hacía poner en pie y con el cazo de la sopa, nos aclaraba. Con cuidado, salíamos pisando una toalla sucia y con brío nos secaba con otra, pero esta vez, limpita.

Luego, el lunes tocaba lavar la ropa, venía la señora lavandera. Ella se ponía en un lavadero, y con garbo sumergía la ropa en el agua, la sacaba, la restregaba fuerte con la pastilla de jabón, y después con las manos a frotar y frotar. Yo a su lado, ella me dejaba la ropa pequeña y paso a paso me enseñaba a lavarla; luego la aclarábamos en el otro lavadero pegado al primero. Mientras, charlábamos y nos reíamos del mundo, de las palabras, y sobre todo de la suciedad...de la suavidad del moco en un pañuelo... De tanto frotar yo acababa con los nudillos ensangrentados, pero eso no venía a cuento; lo que si importaba era su ausencia: la *lavandera* no vendría más.

Era un día soleado, cuando apareció en medio del corral una olla blanca, muy grandota, tan alta como una mesa, no para cocinar para un regimiento, sino para limpiar la ropa, se llamaba lavadora.

Mamá estrenó la olla con la ropa más difícil de manejar, no por sucia sino, y si por su gran tamaño: las sábanas.

Tanto a Quiqui como a mí, nos asombró que esa cosa limpiara ella solita las ropas. Entonces, ella tuvo una visión. Así que: levantó la tapadera, metió al gato y tapó veloz. Ahora sábanas y gato daban vueltas, por fin un baño en toda regla.

Y ahí lo dejó, con las sábanas dando tumbos. Hasta que llegó mamá a comprobar cómo iba la colada. Entonces, al levantar la tapadera salió de un brinco el gato y con un maullido desgarrador corrió y corrió. Mamá, por unos largos instantes, se quedó muda e inmóvil. Ella quería al gato, creyó que pasado el susto volvería, pero no fue así, y nada se supo de él. De tan limpio, se desvaneció. Solo quedaba su recuerdo, que mi madre machacona, rememoraba, a quien quisiera escucharla: el día que el *gato* salió de la lavadora para nunca más volver. Y yo te lo cuento a ti. » » »

*

Para nunca más volver.

La lavadora eléctrica nace en el año 1904 en EEUU. No obstante, en Europa no es hasta después de la segunda guerra mundial; es decir, a partir del año 1945. Entonces, surgen varios fabricantes que apuestan por ese cambio en el quehacer de las mujeres; pues eran ellas quienes lavaban a mano la ropa, lo que suponía el empleo de mucho tiempo. Con la llegada de la lavadora podían hacer otras cosas mientras la ropa se lavaba solita. Además, desaparecía el empleo de la lavandera, pero se creaba el de operario, es decir el trabajador en la producción de lavadoras.

Concretamente, en España fue en los años 60 cuando se desparramó su uso en los hogares. El gran invento había llegado. Era la prueba que la tecnología nos aportaba un "estado de bienestar"; se creyó que con el tiempo: trabajaríamos menos por el mismo dinero. Además, las empresas hacían participes a los operarios con una paga de "reparto de beneficios", incluso participación en acciones, ... Después de más de 60 años, ¿qué ha pasado? ¿Ha sido verdad? « « «

*

Todo iba a cambiar

A veces nos pasan cosas extrañas, tanto que llegamos a pensar que solo nos ocurren a nosotros. Verás, te lo voy a contar: cuando era niña, y me entraban ganas de hacer pipi, hacia lo que todos hacen: ir al baño, y me sentaba en el váter. Y es ahí donde empezaba mi cosa rara, rara. Primero, me preguntaba si el váter era de verdad, para cerciorarme lo toquiteaba bien hasta quedar convencida de su solidez. Luego, me preguntaba si estaba despierta o dormida; como había oído decir que los pellizcos en sueños no duelen, sino que nos hacen despertar, me pellizcaba las piernas y me dolían por tanto era de verdad; para asegurarme, continuaba pellizcándome los brazos, y si también me dolían, concluía que podía hacer pipi, no en el sueño de la noche, sino despierta de verdad.

Convencida de la realidad, empezaba muy a gusto a soltar el pipi. Que satisfacción ¿Y sabes? ese placer terminaba con una agradable sensación de calor entre mis piernas, al mismo tiempo que aparecía ante mí, no la ventana del baño, sino la de mi habitación, con el vaho helado en los cristales, y los chorretones de hielo tras ellos. ¡Maldita sea! Otra vez había caído en la trampa. Me preguntaba cómo me podía engañar tanto, hasta el punto de no distinguir lo real de un simple sueño. Incrédula, comprobaba los pellizcos en mi piel, existían, estaban rojos. Así que otra vez, ¡mecachis!, había mojado la cama. El calor del pipi se iba volviendo frio, muy frio. Con tristeza por mi nuevo fracaso, y además, por lo que venía a continuación; pues verás, cuando mamá entraba a despertarme para ir al colegio, y descubría la gran meada, se sentaba en mi cama, se sacaba la zapatilla, y me ponía en sus faldas boca abajo, me bajaba el pantalón del pijama y las bragas empapadas; y entonces dejaba caer, una y otra vez, su zapatilla en mi culo al aire, tan grande como su zapatilla. Así el frio que sentía desaparecía a zapatillazo va y viene. Pronto, eso es lo que pasaría otra vez. Pero, yo había llegado a un tope en que ya no podía aguantar, ni mi torpeza ni la zapatilla.

Cuando mamá, con zapatilla en mano, quiso repetir su ritual, en lugar de aceptar sin revelarme, de un zarpazo le quieté la zapatilla y empecé a propinarle la mejor paliza que podía ofrecerle, a zapatillazo y patadas, hasta que dejó de defenderse, o sea fui muy bestia. Con patadas mil quedó cao. En este punto, salí corriendo escaleras abajo. La dejé sola con su dolor, yo quedé con el mío en la cocina. La oía llorar y llorando me dio el desayuno, no nos hablamos, las dos sabíamos de nuestra pena.... y así me fui a la escuela.

A la hora de salir me llamó la maestra, querían hablar conmigo, y ahí estaba mamá con las piernas llenas de morados. Le preguntó que podía hacer para que dejará de mearme en la cama. Y estuvieron hablando sobre lo que comía durante la tarde y por la noche. Mi cena: un plato de sopa y un huevo frito, luego antes de ir a dormir un vaso de leche. Pues bien, llegaron al punto de suprimir todos los líquidos desde media tarde. Nada de sopas, ni vasos de leche. A partir de ahora solo cosas solidas: patatas fritas o verduras y el huevo.

Me cogió de la mano de regreso a casa, las dos íbamos contentas, con la esperanza de que todo iba a cambiar.

Esa noche cené patatas y el huevo frito, sin vaso de leche al acostarme.

¿Y sabes que ocurrió? No tuve el sueño cansino y astuto, que me engañaba vilmente. Por fin, desperté seca y sin frio, para felicidad de mamá y mía.

Se acabó el problema, otros vendrían. » » »

*

Todo iba a cambiar.

Los pañales de usar y tirar aparecieron en España alrededor del año 1983. El problema no era el hecho de poner pañal de tela o de tirar, y de la protección en el colchón con un plástico y toallas, sino la edad; pues se espera que con 6 años la persona sana controle bien sus esfínteres. Y la cosa no era así.

En ese entonces, se puso de moda de que los niños tenían que beber un vaso de leche antes de acostarse, por aquello de que los huesos necesitan calcio para crecer.

29

Y mi madre amorosa, eso hizo. « « «

* * *

Llegó la cigüeña

Me gustaba tumbarme en la hierba, de pies se ve el mundo de otra manera. Por ejemplo, no es lo mismo mirar a mamá tumbada que de pie... y no precisamente a su lado, sino de lejos. Desde una lejanía prudente la veía andar resuelta. Así desde el suelo fui viendo como engordaba. Comer tanto —me decía— le ocasionaba crecer y crecer a lo ancho, no como yo a lo largo. ¡Pobre, lo que debía de sufrir!

Tanto engordó, que no podía cuidarnos, ni a Cuqui ni a mí, entonces nuestros tíos Mili y Luis nos llevaron a su casa. Nada más llegar, nos quitamos los zapatos y pusimos los pies sobre unos trapos. Así andábamos de aquí para allá, patinando. Era la norma de la casa. Mi tía apartó los muebles del medio del comedor hacia un lado, ahí practicábamos de lo lindo. A veces pensaba que saldría volando por la ventana, aunque pronto aprendí, balanceando el cuerpo, a girar con el mismo esmero con el que patinábamos.

Otra costumbre, igual que en nuestra casa, consistía en ir a dar de comer a los conejos y a las gallinas. Pero aquí vivían encerrados en sus jaulas, no libres que entraran y salieran a su placer...; decía que tenían suficiente. Su comida era toda de compra, es decir, pienso. No teníamos —como hacíamos en casa— que ir a buscar las hierbas cuidadosamente elegidas, pues algunas les dan diarrea, y a las gallinas darles el maíz y los restos de la comida. Aunque tengo que decirte, que nosotros en casa lo teníamos muy fácil eso de coger hierbas, pues vivíamos en el campo a las afueras del pueblo, y mis tíos en un piso dentro del pueblo. Los animales estaban en el patio del edificio, cada vecino tenía su trocito. Y nosotros todo a nuestro alcance...

Por las noches, como hacíamos también en casa, antes de ir a dormir mirábamos las estrellas. Aquí desde la ventana, en casa tumbados en la hierba o paseando de la mano de papá. Al principio solo veíamos unos puntos de luz, al rato muchos, luego tantos que parecían tocarse...

Una noche, además de ver las estrellas, nuestra tía nos anunció que esa noche íbamos a ver pasar a la cigüeña con un paquete colgado del pico. Ahí estaría nuestro hermanito. Que raro, raro... Pregunté:

—¿Dónde guardan los niños? —No lo sabía.

—¡A ver, quien ve primero pasar la cigüeña! —dijo mi tía, mientras su dedo apuntaba a las estrellas.

Escudriñamos el cielo, las estrellas, ... pero se hacía esperar.

Cuqui muy enana, miraba subida a una pequeña silla, muy atenta, la que más. Se sujetaba con sus deditos al borde de la ventana, como queriendo crecer un poco más.

—¡A ver, si viene por allá! —nos señalaba un lado del cielo.

Luego:

—¡A ver, si viene por allí!...

—¡Sí, está allí! ¡Mirad...! —apuntaba con el dedo ....

—¿La veis?

—No...

—¡Que sí! ¡Mirad bien...!

—¡Ti, ya la veo! —dijo Cuqui emocionada.

—Yo, no la veo. —dije yo con urgencia

—¡Mira bien Nena, va por allí!

—¿Dónde? ¡Yo, no la veo!

—¡Ya pasó! A dormir.

Cuqui contentísima, mi tía más pues por fin íbamos a dormir. Mañana iríamos a conocer a nuestro hermanito.

En la cama, me dormí viendo... en casa: los caracoles traen caracolitos, los conejos conejitos, las gallinas pollitos, los pájaros pajaritos, ... y ahora una cigüeña un hermanito. Qué raro ... ¿Cómo sería?

Al nuevo día, cuando llegamos a casa, subimos veloces a la habitación de mamá. Allí, acostada sobre la cama, a su lado una camita con barrotes de metal. Un pequeño bollito había bajo la manta. Mamá brillaba feliz. Apartó despacio la manta y apareció un ser diminuto, frágil. Con los puños cerraditos chupándolos, no nos miró. Aún no podía abrir los ojitos, nos dijo mamá. ¡Que guapo! lo tapó amorosa. Ahí estaba el bultito delicado, nuestro hermanito.

Regresamos con nuestra tía orgullosas. Unos días más tarde de vuelta a casa, mamá nos hizo sentar a Cuqui y a mí, y con delicadeza nos puso a Jordi en nuestros brazos, no sin soltarlo.... Entonces abrió los ojos, nos miró. Esa fue nuestra presentación, en bracitos, con miradas chispeantes y dulces. » » »

*

Llegó la cigüeña.

La cigüeña trae a los niños, era otro cuento más, como esas estatuas y demás seres humanos voladores. Así la pregunta no era el porqué de esas mentiras, sino cuál era el motivo, cuál era la verdad que ocultaban.... « « «

* * *

Me escupiste en la cara

Por aquel entonces, tenías solo unos seis meses en este mundo, y yo siete años. Lo que quiero contarte .... En la cocina de casa, al llegar la hora de tu merienda, mamá te sentaba en el trono, a continuación, te ponía el babero, y se iba a preparar la papilla: de plátano con galletas, bien empapadas en leche, luego con la ayuda de un tenedor lo chafaba todo con esmero.

Mientras, tú mirabas todo el proceso con un deleite especial, babeando. Después, ella con el plato en mano, se sentaba frente a ti, decida a que te lo comieras todo: sí o sí. Cogía la cuchara, la llenaba de papilla, y en ese instante mamá te llevaba a un mundo de fantasía. La cuchara se convertía en un avión, que surcando alegre los aires, haciendo mil y una piruetas maravillosas, deseaba liberar su carga en tu boca abierta, eso si se abría.

—Mira el avión, burruumm, burruumm...

Ella abría la boca y tú la imitabas. Entonces, ¡zas!, entraba el avión a descargar.

Era muy fácil encandilarte, y más hacerte abrir la boca.

Un buen día, nuestra mamá entro en apuros, le faltaba tiempo para terminar el trabajo. Ella cosía los jerséis de lana, que papá tejía a máquina al llegar del trabajo en la noche. Pero él era más rápido tricotando que mamá cosiendo; o sea, a la pobre se le acumulaba la faena. Los clientes, cuando venían a recoger su jersey, se quejaban de que aún no estuviera terminado, tal como se les dijo.

Ante esta situación, me pidió que prepara y te diera la merienda, así ella podía continuar cosiendo jerséis a destajo y cumplir con lo dicho.

Ahora, yo con cuchara en mano, me esforcé en mejorar los vuelos, ya no eran estresantes por querer aterrizar, eran más suaves y altos, de círculos grandes y de mayor recorrido. Los seguías muy atento, y si no podías, movías la cabeza al compás del avión.

Cuando lo veías acercarse, tu boca se abría a lo grande. Pero ojo, si era un vuelo rasante, rápido y bajo, tipo militar, con ese gritabas enojado.

Y así, vuelos y más vuelos placenteros, hasta que en uno de ellos, te negabas a abrir la boca, pero ante la insistencia del aterrizaje, cedías. Entonces, en lugar de tragarte la carga del avión, cerrabas los ojos con fuerza, inflabas los mofletes a reventar, y con boca de piñón, tus labios escupían fuegos artificiales como colofón final de la exposición acrobática. Mi cara los recibía todos con agrado, pues era la señal inequívoca del punto final de la merienda, y el momento divino para mí: ya podía comerme las exquisitas sobras. A continuación, te quitaba el babero y con él nos limpiábamos la cara, al tiempo que yo gritaba feliz:

—¡Mamáaaa, el nene se lo ha comido todo!

***

Tu primer día sin pañal

¡Felicidades por tu cumpleaños!

Recuerdo tu primer día sin pañal ... De como nuestra avispada mamá....

Estábamos los dos en el patio; tú en el columpio, yo te mecía sujetándote cuidadosamente. Como niñito bueno, te dejabas llevar, no por huir de un batacazo eminente, sino por la delicia de andar sin pies en el aire. En el suelo, los tozudos batacazos estaban asegurados, querías moverte como los mayores: a dos patas. A pesar de las pupas, nunca te dijimos "no hagas eso, te harás daño".

De pronto, ella apareció blandiendo en alto unas grandes y feas tijeras. Te puso pies en tierra, te quitó el calzón, el pañal de tela....

Ante mi asombro y curiosidad cortó, con esmero y pulcritud, un agujerito en el calzón, en el lugar pensado y el suficiente para que colgara tu manguerita.

Con cariño y esmero te vistió el nuevo calzón, la manguerita apareció como el pajarito del reloj. Satisfecha de su obra, nos dejó de nuevo solos pero desconcertados.

Intrigados de que pasaría, no nos separamos un solo instante, hasta que por fin ocurrió. Descubriste atónito, como si de un milagro se tratará, cabizbajo, sin perder de vista la manguerita ¡Estabas regando el suelo!

Un abrazo

***

PIO PIO NACE UN POLLITO

En el corral de casa, las gallinas se habían vuelto *cocoroletas*. Ponían los huevos donde les daba la gana, y claro se rompían. Para poner un poco de orden (es decir, poder cenar huevos fritos), papá les señaló el lugar adecuado. ¿Cómo lo hizo? Colocando en sus nidos un hermoso huevo de yeso. Agradecidas se sentaban sobre él; al terminar de poner el huevo salían felices cantando "cococoooo". Entonces, yo me apresuraba a recogerlo, y aún calentito, y como si de un prodigio se tratara, se lo llevaba a mamá. Pero a ella, le parecía lo más natural del mundo.

Un buen día, papá les trajo otra sorpresa: el gallo Kikiriki. Su misión no era la de ser cantante, y despertarnos al amanecer entonando "kikirikiiii". La realidad es que había llegado —un novio— para todas. Con su cresta de rojo vivo, grande y hermosa; su cola esbelta y de alegres colores. Todo él lucía muy pincho, aunque no era tan amigable como ellas, se paseaba elegante y orgulloso entre las gallinas.

Cuando le parecía que ya había sido considerado y admirado por ellas, entonces volaba al tejado del lavadero, y desde allí observaba a sus amigas.

Ellas queriendo también mostrar sus mejores encantos; ahuecaban sus plumas, lo más tiesas posibles; incluida la cola, que apuntando hacia el cielo, dejaba ver su esponjoso y grandote culito. Y dando círculos sobre ellas mismas, le cantaban "cocorocóoo".

El gallo observaba atento, sin inmutarse, las dejaba bailar y bailar para él. Hasta que la gallina que menos lo esperaba, era la agraciada con un abrazo efusivo; por la espalda, rápido y fugaz, pero muy intenso, lo suficiente para que la gallina se quedara satisfecha.

Una vez que todas las gallinas estuvieron complacidas, se fue a otro corral. Y ellas se quedaron empollando en sus nidos día y noche; solo salían a comer, a cagar y a pasear un poquito; luego, volvían a sentarse amorosas sobre los huevos, no podían permitir que pasaran frio. Así pasaron los días ... cuando las cáscaras empezaron a romperse, entonces ellas dejaron de abrigarlos con tanto tesón.

En todos los huevos aparecía alguna grieta. Uno, incluso tenía un pequeño agujerito. Lo recogí con delicadeza, me senté en el suelo del corral, y lo acomodé frente a mi: "el huevo roto". Iba a llegar un nuevo ser a la vida del corral. Yo quería recibirlo y allí lo esperaba.

¡Cuanto esfuerzo por llegar! Primero en romper la cáscara, luego aprender a mantenerse en pie, después aprender a andar... Nada fácil.

De pronto la grieta se hace más grande, tras un silencio, se oyen golpecitos; un pico asoma por el agujerito, insiste en hacerlo más grande. Hasta que por fin pudo asomar su cabecita al mundo. Mojada como si estuviera engominada, con ojos enormes, mira asombrado el mundo, y vuelve a esconderse. Silencio, nada se mueve, al rato más golpecitos, aparece una grieta nueva. De nuevo una pausa, más golpes y por fin la cáscara se abre de par en par. Entonces aparece lo que no estaba: él. Sentado, con aspecto delicado y feote; como una bolita de color mierda, empapada de un extraño liquido viscosos; embelesado, su mirada todo lo fisgoneaba.

Cuando su curiosidad quedó satisfecha, quiso ponerse en pie, pero con una sola pata y cayó de lado. Así varias veces hasta que apostó por las dos patas, pero entonces cayó de morros. Tras nuevos esfuerzos, las rodillas se doblaban y volvía a caer. Cuando consiguió mantenerse de pie, quiso dar el primer paso y también cayó al suelo una y otra vez. Hasta que encontró el equilibrio. Entonces empezó a escudriñar muy atento todo lo que había a su alrededor, incluida yo. Mientras, el caminaba aturdido, explorando y descubriendo: el mundo en que le había tocado vivir; sus plumitas mugres y pegadas al cuerpo, se fueron secando; y ahora apareció un lindo color amarillo.

Él, habiendo aprendido a andar, y descubriendo la vida, empezó a cantar "pio pio pio", y yo le sonreí.

* * *

¡Vete a jugar!

Mi hermanita Quiqui siempre estaba dispuesta a emprender un nuevo y buen hacer.

En el corral, detrás de la casa, vivían las gallinas y los conejos: libres, a su aire. Aunque por las noches, acudían lobos y zorros: no a dormir, sino a comer. Por eso, cuando llegaba el atardecer: a los conejos los encerrábamos en su casita; a las gallinas, ellas entraban solas a su casa. Así, en cada amanecer todos volvían a estar presentes, en movimiento.

A ellas, les gustaba dormir en unos palos muy altos, que iban de una pared a la otra. En lo alto, también tenían sus nidos, cada uno con un huevo de yeso; y junto a él, ellas ponían nuestra cena: los huevos.

Además, había dos lavaderos enormes, uno para lavar la ropa y otro para aclararla. Siempre, corría el agua limpia: entraba a un lavadero, pasaba al otro, y como una fuente caía a un pilón. Allí, acudían las gallinas a beber.

Muchas veces, nosotras les dábamos de comer. Con la bolsa de maíz en mano, nos colocábamos, en el centro del corral; y como si el mundo fuera al revés, lanzábamos puñados al cielo, mientras girábamos sobre nosotras mismas, las llamábamos al festín:

—Titas, titas, titas.

Tarea fácil, pues todas, las seis gallinas, se llamaban igual: Titas. Ellas acudían raudas y contentas a picotear del suelo, cantando su corococó daban las gracias no por llover, sino por la granizada deliciosa y dorada. Solo nos prestaban atención cuando quedaban satisfechas. Esta vez, aunque estuvieran en pleno proceso digestivo, Quiqui tuvo una visión: las gallinas aprenderían a nadar. Ella les enseñaría.

—A mí, me parece que no puede ser.

—Tí, tí. Ya verás.

Su "Sí, sí" sonaba entre la t y la s. Yo incrédula, observé por primera vez, con mucha atención, los pies de las gallinas. Sus dedos separados, sin ninguna piel entre ellos, como en los patos o las ocas, que si van por encima del agua. Eso me decía que no era posible...

—Quiqui. ¡No puede ser! No tienen pies de pato.

—¡A nadar! Ti nadan. Ya verás.

Decidida, coge una gallina y la pone con delicadeza sobre el agua.

La pobre gallina, de inmediato, abre las alas, las mueve por salir volando, pero solo logra mojarse más y más... su cuerpo empieza a hundirse. Con la misma delicadeza que entró, yo la saco del agua.

Así una tras otra, ella ponía y yo sacaba. Tanto poner y sacar se fueron mojando cada vez más; por tanto, con el peso del agua en sus plumas, se iban hundiendo un poquito más. Cuando a una de ellas le llegó el agua al cuello, la saqué de nuevo al suelo; pero esta vez salí escopeteada hacia la casa. Encontré a la pobre mamá en el comedor, absorta en su trabajo: cosiendo y cosiendo jerséis. Le espeté nerviosa:

—¡Quiqui quiere enseñar a las gallinas a nadar!

Sin apartar la mirada de su aguja, me ordenó que me fuera a jugar.

Repetí:

—¡Quiqui quiere enseñar a las gallinas a nadar!

—¡TE HE DICHO que te vayas a jugar!

Y salí como un rayo. Al llegar, una gallina aún intentaba aprender a nadar ahogándose, la saqué del agua, la puse en el suelo... Y allí se quedó chorreando, sin pestañear una pluma.

—¡Quiqui! ¡Mira!

En el fondo del gran lavadero estaban las demás gallinas, inmóviles. Cogí un palo y haciendo palanca, las empujaba desde el fondo para que subieran... No meneaban ni patas, ni cabeza, ni pluma alguna, eran como piedras. Resbalaban del palo cayendo de nuevo. Quiqui observaba expectante, no solo no habían aprendido a nadar, sino que era el encuentro con la inmovilidad, la muerte. Aceptando muy tristes la realidad, al girarnos vimos a la única gallina superviviente, que permanecía en el mismo lugar: tiesa, con la mirada clavada en el lavadero, expectante y tal vez esperanzada; como una estatua, sin ningún *corococó*, sin mover una pluma.

Comprendimos el mal y la muerte, nos fuimos en silencio, dejándola sola con su dolor. » » »

*

¡Vete a jugar!

La protagonista del cuento es la madre de las niñas. Si ella hubiera prestado atención a la llamada de socorro de su hija para salvar a las gallinas, no habrían fallecido. ¿Por qué? Para ella, lo más importante, en ese momento, no eran los hijos, sino el trabajo. Pero su actitud le dio una bofetada: tuvo que trabajar más de lo planificado, para comprar otras gallinas, y así tener los huevos para cenar, criar los pollos para comer...
« « «

* * *

El tobogán de hielo

¡Ya llegó! Con la nieve, ¡el hielo! por los suelos, en las ventanas, tejados, colgando en el aire, como las estalactitas cavernícolas... Además de verse, se siente. Sin inmutarse, sin contemplaciones, helando todo... Así era la vida en ese lugar: helada.

Ahora lo recuerdo rodeada de flores cálidas y alegres. Y no es lo mismo, uno paraliza y el otro empuja a vivir. La primavera, ese lugar donde nace el verano; en que cada mañana sucede un nuevo andar: floreado, las mariposas, hormigas, pajaritos, ... En el hielo no hay flores, ahora aquí si las hay. Aunque todo gira; después se marchitarán y volverá el invierno, con sus estacas colgando de mi ventana, de los tejados, ... preparados para caer, otros se estiran y estiran hasta tocar el suelo, estos serán: los barrotes en mi ventana.

Con esa suerte helada, todos los días yo iba feliz al colegio... a por el movimiento altísimo y supremo del día: la salida del cole, dicho bien clarito, regresando a casa.

La escuela se hallaba en lo alto de la montaña, repleta de casas en sus laderas. Nosotros vivíamos en el llano, abajo de la montaña. Cada día subía para luego bajar por esa calle que descendía en forma de embudo. Empezaba en lo alto estrechita, por el canuto, allí buscaba un punto para el descenso, el que mejor deslizara, que eran todos. Ponía la cartera en el suelo, me sentaba encima, los pies hacia los lados; y una última mirada, atenta al suelo frente a mí, de la cuesta abajo, helada y blanca. Valorando, no tanto la dificultad del descenso, sino la velocidad. Eso era lo más importante. ¡Lista!, con las palmas de las manos contra el suelo: un empujón, empezaba el descenso, primero lenta, después cada vez más veloz; con los talones frenaba, eso si podía; a velocidad trepidante llegaba a una suave curva; sino había conseguido controlar la velocidad, me estrellaba por su acera de hielo y nieve revuelto, pero nada importaba, de todos modos, —me iba a estrellar igual—, al llegar al final de la empinada cuesta, de frente contra un muro.

Un reto consistía en parar a algo más de la mitad del descenso, en el lugar donde el canuto se abría al cono del embudo, justo en la puerta de la casa de mi tía Mili. Nada fácil. Según como estaba la pista las posibilidades aumentaban: si habían tirado sal por el medio de la calle, y también, en lo que se suponía era la acera. Entonces era un poco más sencillo, parar contra la puerta de mi tía. Otra posibilidad con éxito asegurado era: descender desde una calle perpendicular a mi pista habitual, aunque iba a parar un poquito más arriba de su casa; pero resulta, que era aún más inclinada. O sea, la velocidad supersónica estaba garantizada, nunca logré parar correctamente —sentada sobre la cartera— antes de la pared, a pesar de usar mis frenos, los pies; llegábamos, la cartera y yo, rodando. Aunque te cuento: que lo más sencillo, era llegar a la meta, y retroceder subiendo la cuesta como un gato, cosa que rara vez hacía.

Entrar en su casa era otra aventura. Ahí nadie andaba, mis tíos se desplazaban siempre patinando sobre gamuzas. ¿Por qué? Para tener el suelo siempre limpio, decía mi tía. En la entrada me quitaba las botas y cumplía con la norma; ponía los pies sobre las gamuzas, que siempre estaban esperando y por el pasillo cogía velocidad hasta unirme al inmenso ventanal —cerrado— al fondo del comedor. Desde ahí, podía ver la empinadísima cuesta, me encantaba mirarla: como se abría el embudo, es decir, el recorrido que me faltaba por hacer hasta la línea de meta: un largo muro de frente... por su lado izquierdo, el camino a casa, ahora en horizontal, o sea, andando.

Visto desde su ventana, me parecía una loca aventura suicida, ¡Cuán fácil era romperse una pierna, o abrirse la cabeza! Pero eso, me importaba tres carajos. Si así fuera, sabía que mi madre se enfadaría mucho, pero como yo, ya no estaría, ¡a mi plin!

Tal vez por eso, mi tía insistía en que la visitara cada día al salir de escuela, para disuadirme o lo que es peor: boicotear mi descenso. Oí contar a mamá, que desde las alturas en caída libre, lo primero que llega al suelo es la cabeza porque es la parte del cuerpo que más pesa, y claro se rompe. Entonces, la persona muere al momento. Eso es lo que le había pasado a un señor que se tiró desde un quinto piso. Por contra, los gatos caen siempre de pie. Me impresionó lo de la cabeza, y yo no era un gato, o sea, me cuidaba bien a pesar del "a mi plin".

Al salir de su casa, de nuevo sentada sobre la cartera, emprendía el descenso final. Y antes de llegar al muro, a un par de metros ya en terreno llano, me tiraba al suelo, entonces yo paraba rodando como una salchicha y la maleta se estampaba contra la pared.

Mi tía, mi mayor fan sufriente, contemplaba mis descensos desde su ventanal. Además, contribuía a mi aventura mi tío Laude, él la financiaba: todas las navidades se presentaba en casa con un regalo para mí: una cartera nueva, de piel robusta. » » »

*

El tobogán de hielo.

El recorrido de la cuesta era, y aún es, de 210 metros. « « «

* * *

El primer día de la oveja

En mi casa no solo vivíamos mis padres, mis dos hermanitos y yo, sino que además vivían las gallinas y el gallo, los conejos y el perro. No revueltos, cada uno en su casa. Un buen día, aumentamos la familia. Llegó la oveja. Si, un hermoso cordero. Apareció en medio del patio, al lado del columpio. En cuanto me vio, vino despacito hacia mí. Despedía un olor pestilente, pero empezó a querer jugar conmigo. Su tierno tacto, su dulce mirada, su cariñoso hacer, me hicieron olvidar el aroma de su lana. Era muy buena la oveja, ella no me picoteaba, ni me gruñía como hacían otros. Además, me seguía a cada paso que daba. En fin, que me quería mucho, por lo que decidí enseñarle los campos.

Para ahí que nos fuimos. Corrimos entre cebadas, tomateras, perales, ... Incluso, jugamos al escondite entre los grandes trigales, bien aplastaditos que los dejamos... Hasta que el sol se disponía a dormir. Era la hora de volver.

Las dos íbamos felices como perdices. Y no me importó para nada vislumbrar a mi madre, en la noche, a la puerta de casa, con zapatilla en mano y brazos en jarra. ¡Como nos vería! que al final nada dijo: ni mu, ni be.

***

El banquete

Desde que había llegado la oveja, cuando me despertaba, lo primero que yo hacía, era ir a su encuentro y darle el abrazo de los buenos días; pero hoy no pude encontrarla. Mamá me contó que se había ido a su casa.

¡Que pena! Se habían terminado las osadas aventuras por los campos. Los encuentros con el campesino, que siempre nos animaba a correr y correr, pues él detestaba que dibujáramos bonitos caminos en los trigales y las amapolas; pero nosotras empleábamos tácticas de escondite. La mejor era acabar escondidas corriendo a su espalda, tras él.

Vivíamos tan compenetradas, que las dos despedíamos el mismo aroma: el ovejuno. A la gente, no sé porque no le gustaba y se apartaban de mí.

Pero su ausencia se llenó de nuevos y urgentísimos quehaceres: había que prepararse para recibir "la primera comunión": mi hermanita y yo, juntas. Así con una sola celebración bastaba.

¡Cuanto trajín! Preparar, no la comunión en sí, que era lo que menos importaba, sino el banquete. Se haría en el gran patio de la casa, bajo la sombra de los pinos, y cerca del columpio; papá lo construyó, entre dos pinos, con un tronco, cuerdas y una tabla. Ahora, preparaba, con la ayuda de tableros y trípodes, una enorme mesa, pues casi toda la familia iba a venir.

Por otro lado, la mesa del comedor se transformó en el escaparate de los regalos. Me preguntaba, porque había que hacer regalos; mientras, los iba escudriñando dando vueltas a su alrededor. ¡Asombroso!, de esa montaña de cosas, solo hallé uno interesante: un vaso con cuchara. Todo lo demás me pareció "caca de la vaca".

Además, la casa debía estar tan limpia como si de un quirófano se tratara. ¡Limpia que te limpiarás! Y yo ayudando a la pobre mamá.

En realidad, todos ayudábamos por la causa, por la revolución que se avecinaba: las niñas iban a comulgar.

¡Cuánta parafernalia! y ¡cuanto bombo! alrededor de unos breves instantes. Instantes, que el cura vendía como el punto de arranque —en transformar el ser que somos—, sin retroceso posible. ¿¡Cómo, y en qué!?

Ocurriría al comer la hostia: una cosita como una moneda blanca y delgadita, hecha de harina de trigo, que al sacarle la lengua al cura, él nos la metería en la boca; luego se ablandaría en la boca, lista para así tragarla, no la cosita de trigo, sino la carne de un hombre muerto y "sufridor eterno", llamado Cristo; el cura además se bebería su sangre: una copita de vino. Mi consuelo era que ese canibalismo era imaginario. Aunque de consecuencias anímicas terribles, pues nos decía que en eso nos convertiríamos en "seres sufrientes"; por si fuera poco, mamá nos decía "de lo que se come se cría", sobre todo a mi hermanito para que se comiera el plátano. A pesar de insistir, el cura hechicero en —no masticar— la ya pobre carne dolorida del señor, la mordí con mucho ahínco para destruir toda posibilidad de conversión en un ser sufriente. No le valieron las amenazas de castigo divino, ya que el resultado sería el mismo, pues según él: habíamos venido a este mundo a sufrir. ¡Ja!, pensaba yo. ¡Eso tú! ¡Yo no!

A decir verdad, no se lo cría ni él, y menos el asunto de los pecados. Pero claro, él tenía que hacer su papel. Cuando me interrogó por primera vez, —en confesión por mis pecados— y responderle que ninguno, el sentenció con un:

—¡Mientes niña, todo el mundo miente!

Y volvió a preguntar, entonces le contesté:

—Digo mentiras.

—Muy bien. Vete y reza un padre nuestro.

Muchos días, a la hora que yo pasaba por delante de su casa, —él vivía en el piso de arriba, encima del de mi tía—, me esperaba en la puerta con una bolsita de "golosinas divinas": los retales de las hostias.

Una vez consumido el hechizo; es decir: comido y bebido, todos debíamos permanecer unos largos minutos con cara compungida. Como si los efectos se hicieran presentes... Para después en el banquete explosionar en éxtasis, en la alegría de vivir, y en cultivar la amistad familiar.

El día lo favorecía, un estupendo sol se colaba entre las ramas de los pinos. Todos comiendo y charlando dicharacheros y felices. Yo estaba sentada en una esquina de la mesa, charlando con una de mis tías, cuando se hizo un silencio atronador. Miré curiosa: todos los comensales tenían la mirada clavada en mí, menos mis dos hermanitos que continuaban comiendo golosos, al tiempo que me ponían un plato de carne ante mí. Miré la carne, luego a ellos, de nuevo a la carne, a ellos. Todos expectantes. ¿Qué demonios esperaban? Sin tocar el plato, los miré y grité:

—¡¡No quiero!!

Me levanté y empecé a decir tonterías mil, sin parar de removerme agitada. Mi tía Mili me hablaba intentando distraer la verdad, mientras yo luchaba por no reventar de dolor. ¿Cómo se habían atrevido? ¡Se estaban comiendo a mi amiga *Bee*!

* * *

La cola de las lagartijas

Al llegar el buen tiempo, mi hermanita Quiqui y yo, preparamos en la tierra un pequeño camino, pasábamos las manos sobre le suelo para quitar todo obstáculo. Luego tocaba hacer las orillas con montoncitos de tierra o piedrecitas. Lo importante es que quedara muy claro lo que iba a ser la pista de carreras. Con el suelo liso y los bordes señalados, buscamos a los concursantes. Serían, esos que van con su casita a cuestas, los caracoles. Era fácil encontrarlos, sobre todo después de una lluvia en primavera, moviéndose entre las hierbas. Cogimos los más grandotes, pero cada uno con diferentes dibujos y colores de casita. En total iban a ser siete competidores; con el mayor atino los íbamos colocando en la línea de salida. Si alguno quería hacer trampa y salir antes de tiempo, les tocábamos los ojos, así los encogían al tiempo que se paraban...

Todos en línea, les gritamos ¡YA! ... y los dejamos que corrieran a su ritmo hasta la meta a unos 50 cm. Si alguno se desviaba, rápido, lo poníamos recto hacia la meta. Pero a Cuqui, le pareció demasiado corto el recorrido y puso una segunda meta a más de 3 metros.

—¿No se cansarán?

—NO. Ya verás, ellos pueden.

Al rato, a Cuqui le pareció que iban demasiado lentos y me dejó a cargo de la competición. Ella se fue con las lagartijas.

Al poco, también yo, me cansé de ir enderezando caracoles en dirección a la meta, la cosa iba para largo. Como al arrastrarse dejaban una pista de baba, podría saber quiénes llegaban a la meta y quienes se habían largado. Así los dejé y me fui también con las lagartijas. Al llegar, sobre la pared de piedras, Quiqui sujetaba una lagartija y en la otra mano tenía una piedra partida y con el canto afilado, propinó sobre la cola de la lagartija un golpe seco; la cola cayó al suelo y empezó a moverse dando sacudidas, como si fuera un látigo. Luego soltó a la lagartija, que por cierto, salió corriendo. En cambio, otras observaban... sin cola.

Cuqui al ver mi cara de sorpresa y espanto, me dijo:

—¡Les vuelve a crecer! Ya lo verás... Mamá lo dice.

Me preguntaba para qué tenían la cola, y si les volvía a crecer era por algo.

—¡Quiqui! No les cortes la cola, la necesitan.

Tiró la piedra, ya había cortado bastantes colas.

—¡Tendrán un nueva!

—Pero, ¿para qué? si ya tenían una.

Decidimos volver a la pista de carreras. Al llegar, descubrimos que "no quedaba nadie". Y que ninguno llegó a la meta; todos se salieron hacia el mismo sitio de donde vinieron, la hierba. Allí estaban: unos comiendo, otros paseando.

Era un buen momento para ir a visitar sus nidos; con la ayuda de un palito, sacábamos la tierra con muchos cuidados y mirábamos los huevos blanquitos, pegoteados entre ellos con un moco, como si fueran un racimo de uvas en miniatura. Ahí estaban. Volvíamos a tapar... Así cada día, hasta que aparecieron caracolitos muy chiquitos, casi transparentes; esos animalitos tan delicados habían escarbado un túnel para salir al mundo, y ahora correteaban por las hierbas, al abrigo del sol.

También por la pared corrían dicharacheras, lagartijas menuditas: suaves, cariñosas; y todas con colita.

* * *

Fuego sí o sí

Una noche, con la mirada de la luna, no sé porque extraña razón, a Cuqui y a mí, nos dio por explorar el suelo; ese suelo donde crecían los rosales. Ahí estaban los caracoles durmiendo, mientras las luciérnagas y los gusanitos de luz se paseaban.

Lo meneábamos todo, en busca de un no sé qué "de nuevo". Dulcemente cogíamos los caracoles dormidos y los colocábamos en otra parte; nos imaginábamos cuál sería su sorpresa, al despertar y verse en otro lugar.

Y a esos animalitos, que en lugar de llevar su casita a cuestas, llevaban una luz, los invitábamos a pasear sobre nuestra mano; a veces cogiéndolos con delicadeza, otras se la poníamos en sus morros, como bloqueándoles el paso; hasta que se subían, se paseaban... Al ratito, las luciérnagas salían volando, y los gusanitos como habían venido, a pie.

También, queríamos descubrir que se escondía bajo las piedras. Las removíamos sin delicadeza, tanto que no solo rodaban, sino que chocaban entre ellas y lo impresionante es que lanzaban chispas. ¡Oh! Con una piedra en cada mano aplaudíamos fascinadas, cada vez más fuerte; un olor especial, también, iba en aumento, muy distinto al de las rosas, dulce y suave, el suyo era áspero y seco.

Entramos en casa aplaudiendo chispas.

—¡Antes!, los hombres prendían el fuego con piedras. —Nos dijo papá.

Al día siguiente emprendimos en el patio, la tarea de esos hombres...

¿Antes? ¿Y por qué no ahora?

Primero, reunimos unos papelitos sobre el suelo, Cuqui de cuclillas y yo sentada con las piernas cruzadas, empezamos a aplaudir con las piedras, cada vez más fuerte... las chispas salían, pero los papeles no se incendiaban. ¡Claro, esos hombres no tenían papeles!

Cuqui traía hierbas secas, hacíamos un montoncito, de nuevo aplaudíamos... El olor aumentaba, pero el fuego no prendía. Si las chispas eran finas y delicadas, también tendrían que serlo las hierbas.

Así, que esta vez, reunimos una infinidad de finas hierbas secas, re-secas... y en cuclillas empecé a aplaudir sobre ellas... Por fin, una chispa prendió... pero tan rápido como prendió se apagó. ¡Oh!

Cuqui observaba atenta, aplaudí de nuevo; pero esta vez, al prenderse una chispa soplé suave sobre ella, como lo hacía papá al encender la estufa de serrín, ... y se fue haciendo cada vez... mayor... creciendo... ¡Oh!

Satisfechas, habíamos estado en el tiempo de los hombres en que hacían fuego con piedras.

También, habíamos oído que se puede prender fuego con cristales; pues los montes de alrededor a veces ardían solos, por culpa de esos cristales rotos sobre la hierba seca. ¿Cómo era posible?

Le pedimos a mamá cristales rotos, pero nos dijo:

—¡Imposible! ¡No hay cristales rotos en casa!

Los buscamos por el patio, y aparecieron de verdes, de transparentes, ... más gordos, más flacos, ... Con ellos a nuestro lado, volvimos a preparar montañitas de hierba reseca, re-reseca...

Imaginando como sería en el monte, sujetaba un cristal y dejaba pasar los rayos del sol apuntando al montoncito. La cosa no funcionaba. Si aumentaba o disminuía la distancia entre el cristal y las hojas secas, había un momento en que aparecía un puntito. Aguantando muy quieta el cristal, al poco rato el punto se convertía en una estrellita luminosa, que se hacía grande hasta que se deshacía en fuego. Ese, era el rayo cristalero con el don del fuego.

Luego, en secreto, cogimos la lupa de papá; de nuevo otro montoncito de hierbas resecas y con los rayos del sol como aliados, buscábamos que apareciera el puntito en que nacería la estrella y luego crecería en fuego... Ahora, era muy fácil, incluso con papeles... No solo con la ayuda del sol, sino que además, recibíamos a la estrellita lanzándole un soplo pequeño y cálido.

Con la curiosidad pirómana satisfecha, Cuqui se fue con mamá, y yo al columpio. Balanceándome fuerte y alto, queriendo tocar las estrellas, pero sin dar la vuelta al firmamento, pensaba en esos hombres y las piedras... A cualquier hora prendían fuego. Pero, apareció papá, agitando una cajita como si fuera un sonajero.

—¡Nena, bájate del columpio! ¡Ven aquí!

Abrió la cajita, saco un palito con una punta blanca, la frotó sobre un lado áspero de la caja y su punta se prendió. El fuego iba descendiendo por el palito, al llegar casi a sus dedos, sopló fuerte y se apagó. Entre sus dedos quedó el palito retorcido y lastimado.

—¡Ahora, con cerillas! —me dijo.

Sacó una y me la dio con la cajita.

La froté, pero la cabeza de fuego se quedó pegada a mi dedo. ¡Que dolor! La sacudí rápido, frotando el dedo en mi ropa.

—¡Otra vez! —insistió papá.

—NO, NO QUIERO. —Llorando a gritos, pidiendo la ayuda de mamá; pero quien apareció fue Cuqui; se quedó sería, de pies, sin decir ni mu.

Esta vez, froté la cabeza, sin tocarla, pero se espachurró. Así, una y otra vez.

Y yo llorando...

—¡NO QUIERO...! —¡Carajo! Era mucho más arriesgado, me quemaba el dedo.

—¡¡Otra vez!! —repetía, el muy cabezota.

Papá, de vez en cuando, encendía una lo más despacio que podía. Yo lo miraba atenta...

Acabé espachurrando todas las cerillas, hasta que no quedaban más. ¡Por fin! Papá se fue. Pero, ¡Mierda! volvió no con una cajita, sino con unas cuantas.

—¡Ahora tú, Cuqui!

Cuqui, que era más enana y mocosa que yo, para mi asombro y también el suyo, la encendió a la primera.

—¡AHORA TÚ, Nena!

Con llantos y suplicas de que me daba miedo... Yo espachurraba una cerilla. Y otra, y otra, ...

Con atención, observé de nuevo, como papá prendía una cerilla. Volví a imitarlo, con el deseo de conseguirlo, no por hacer el fuego, sino para perderlo a él de vista.

Volví a frotar, pero ahora, con la misma atención que prestaba con las piedras, los cristales, la lupa... Entonces se prendió la cerilla, pero del susto, la apagué al instante con un soplo fuerte, tirándola al suelo.

—¡No, Nena! ¡Aguántala encendida!, hasta que el palito se queme.

¡Mecachis! ¡Mierda! Miré las cajitas, me esperaban muchas cerillas. No me molesté en llorar más. ¿Para qué?

Empecé de nuevo, concentrada en sujetar fuerte la cerilla. A cada cerilla encendida, podía sujetarla un tiempo más. Hasta que fui capaz, en el último instante, con el fuego llegando a mis dedos de apagarla con un soplo fuerte. Así, la cerilla quedó penosa y retorcida entre mis dedos.

¡Ves, como has podido! ¡Con cerillas es muy fácil!

Me regaló la cajita.

Y yo, se la regalé a mamá.

* * *

Una piedra fea y peligrosa

Una cuesta larga, pegadita al lado de casa, descendía, entre dos paredes. Al fondo, a sus pies, se veía cruzar la carretera, con apenas coches. Y en el medio del camino estaba la única puerta, la puerta azul del huerto. Hoy, mi hermanita Quiqui y yo haríamos una competición: cuál de las dos llegaría primero a la puerta azul.

Quiqui iría por el medio, rodando como una salchicha; y yo, por un ladito sobre las hierbas, como una albóndiga. Solo faltaba decidir el punto exacto de salida. Buscando el mejor lugar, mis piernas recibieron por sorpresa un maldito ostión, con algo escondido entre los hierbajos altos y esbeltos: una magulladura en la rodilla, un golpe en el espinazo, ... casi salgo rodando, ... y el dolor, uf...

Me recompuse del susto y aún con el dolor a cuestas, apartamos las hierbas. ¡Ahí estaba! Una piedra tan grandota, como una caja de zapatones; se parecía a un cofre, pero con forma de dado; su aspecto era sucio, feo y gris, en una cara tenía esculpidos un número y una letra, pero por arriba en lugar de ser plano o curvo, tenía forma de pirámide; y con esa punta, nadie osaría sentarse, al terminar de subir la empinada cuesta.

Además, la piedra siempre estaba oculta por las hierbas... alguien podía estrellar una pierna, darse un golpe en la espinilla, y bajar la empinada cuesta rodando hasta la carretera... Por tanto, era un peligro, había que apartarla del camino. Pero estaba clavada al suelo. Entonces, con paciencia y unos palos empezamos a quitar las hierbas y a escarbar la tierra de alrededor. Sobre todo, con ahínco por el lado que miraba a la pared, pues ahí iría a parar.

Los surcos se iban haciendo cada vez más y más profundos. Yo, con los palos escarbaba y Cuqui con sus manos sacaba la tierra. Removiendo..., sudando..., rascando..., sudando... hasta que por fin apareció el final de la piedra. Estaba tan enterrada como era ella de alta, vista solo desde fuera.

Ahora, con nuevo brío, continuamos escarbando bien en ese lado, y también por alrededor, para despegarla de las paredes. Cuando estuvo a la vista todo ese lado del suelo, le puse las manos en su cogote y empujé para tumbarla; pero no se movió ni un pelo, pesaba lo imposible para mí. Me preguntaba como podíamos mover esa pesada, fea y peligrosa piedra; por qué demonios la pondrían en el medio y no bien pegadita a la pared.

A esto, se añadió a la causa: Luna, la perrita de casa, husmeando y escarbando hacía el lado de la pared, con tesón y alegría; a cuatro patas, más y más. ¡Todos escarbando!, yo sacando la tierra de debajo de la piedra, por el lado que daba a la pared, para que quedará un hueco; es decir vacío, que no tocara su pie entero en el suelo, así al empujarla perdiera el equilibrio; y luego, con un buen caminito, algo en pendiente hacía la pared.

Una vez terminamos los preparativos, y además con los palitos que Cuqui colocó como si fueran las travesías de la vía de un tren... Había llegado el momento de empujar.

Quiqui se abrazó a Luna, no solo por amor, sino para que sacara las narices del asunto, aplastarle el morro no era lo que queríamos. Yo, de cuclillas con las manos tras la cabezota de la pesada, fea y peligrosa piedra, la empujé: ¡plof!, cayó desmayada. Luego, achuchándole por su culo, resbalaba, hasta que quedó pegadita a la pared, tumbada y dormida. ¡Por fin, ya nadie tropezaría!

Con todo lo que antes habíamos sacado, tapamos el agujero: la tierra, las hierbas y también los palos. ¡Listo!

A todo esto, se nos fue la tarde y no pasó ninguna persona por el camino. Si pasaban pocos coches por la carretera, más raro era aún que anduviera alguien por la cuesta. Pero el riesgo había estado presente, y además, oculto. Aunque fuera por una sola persona, había que hacerlo. Tropezar y caer rodando cuesta abajo era sencillo. Nosotras lo solíamos hacer, pero queriendo.

Pasados ya muchos y muchos días de esta misión, la piedra continuaba dormida, pegadita a la pared del campo vecino. Pero alguien quería despertarla...

Papá, a lo lejos, desde la esquina del camino, al verme mariposear en la puerta de la casa, me llamó... Estaba con un señor vestido con ropa muy bien planchada, pero tenía cara arrugada de muy pocos amigos. Me preguntó papá señalando el lugar, donde se suponía habitaba la piedra fea y peligrosa:

—¿Has sacado tú la piedra?

—No. —dije sin más.

Continuaron discutiendo sobre "la barbaridad": de mover la piedra, de como se habían atrevido, que sí era señal de geografía, no sé que de altitud, de distancias... de cosas que yo no entendía. Papá solo escuchaba, aunque de vez en cuando se atrevía a decir:

—No sé nada.

Lo que sí, yo entendía: es que para el señor era una barbaridad y quería encontrar a quien lo hizo. Y no precisamente para darle las gracias...

—Contesta la verdad. ¿Has sido tu? —me preguntó el señor.

—No.

Yo me preguntaba, por qué no podía estar la piedra pegada a la pared y hacer lo mismo de geografía o lo que fuera, sin riesgo para el andante.

El señor insistía en que alguien lo había hecho y que tenía que... no sé qué cosas... Hasta que..., después de suspirar muy disgustado varias veces; estando de pies, quiso coger la piedra al vuelo y llevarla de nuevo a su sitio; tras varios intentos, no pudo con ella. Y afirmo convencido:

—Para mover semejante piedra, solo pudo haberlo hecho una persona muy fuerte.

El señor era alto y corpulento; papá un hombre esmirriado por bajito y delgaducho; y yo una mocosa tierna y delicada.

Ante esta situación, al pobre esmirriado papá que repetía que nada sabía... y al señor pidiendo encontrar al hombre fuerte responsable de la barbaridad, según él. Según yo, la barbaridad era el mismo. Un tonto dos veces. Los dejé y me fui a jugar urgentísimamente con Cuqui, al mejor juego para ella. Ahí estaba, en el patio con sus amigas las lagartijas y los grillos. Quiqui creía, en el ratoncito Pérez; que los malos solo estaban en los cuentos, y en que todo el mundo es bueno sí o sí.

—¡Venga Quiqui!, que te columpio...

—Sí...

Se subió, y yo dándole un empujón y otro y otro... le encantaba; como no tenía que mover las piernas, podía disfrutar sin más, la sensación del viento..., de volar, ...

Se columpió hasta que papá regresó. Es decir, hasta que el señor bien planchado se marchó. » » »

*

Una piedra fea y peligrosa.

La pesada, fea y peligrosa piedra era un Mojón (Hito). Se usan para indicar un camino, o bien para fijar los límites de un territorio o la frontera con Francia.

Cambiarlos de ubicación es un delito penal (en España), castigado según el beneficio que iba a obtener el que lo hizo.

Pesan más de 50 kilos. « « «

* * *

La perrita Luna

Luna, la perrita de casa, tenía el pelo blanco con manchas negras. Ella vivía en una casita, como la nuestra, pero en miniatura: solo una habitación con el colchón y la ventana.

Su modo de ser alegre y cariñosa no solo nos deleitaba, sino que en nuestros juegos era una más... Nos revolcábamos sobre la hierba, estiradas al suelo en un abrazo, y luego rodábamos como un lápiz. Otras como un ovillo de lana, girábamos sin parar hasta que las flores, al pie de la pendiente, nos recogían.

Luna tenía un juego que además de tonto era encantador; consistía en atrapar con su boca la punta de su cola; eso era muy fácil si estaba tumbada, pero no de pies. Para conseguirlo: giraba la cabeza mirando a su cola y como si fuera la primera vez que la viera, abría la boca para morderla; avanzaba un paso, pero la cola retrocedía un paso; de nuevo otro paso más rápido, y la cola también, pero hacía atrás; nuevos pasos cada vez más veloces hasta que giraba sobre si misma como un remolino tras su propia cola. Al parar, con la lengua fuera resoplaba de lo lindo, y nos miraba satisfecha como aquel que acaba de hacer un saludable deporte.

Rara vez lo conseguía. A veces la queríamos ayudar a ganar la partida. Yo le sujetaba y le acercaba la punta de la cola, pero se paraba y nos ladraba, para decirnos que no quería trampas, luego continuaba de nuevo la partida.

Al despertar, siempre venía rauda y veloz, moviendo contenta el rabo, a darnos los buenos días. Un día no fue así, la llamé, pero no vino; entonces fui a su casita. Al verme, por su ventana, enseguida se levando a saludar tras el cristal, y a su espalda aparecieron tres perritos dormidos. Corrí a dar el *notición* a mamá. Cuando regresé estaba tumbada y los tres perritos chupaban de sus tetas. Mientras, ella saludaba feliz, moviendo el rabo.

—¡Nena! ¡No los toques! —decía mamá, porque si no les cambiará el olor y su mamá no los querrá. Creerá que no son suyos.

Me contuve de tocarlos, ni con un dedito, hasta pasados unos días... Los fui cogiendo uno a uno con suavidad, parecían tan delicados...

Pronto empezaron a salir de la casita, a corretear por el gran patio, siempre con su mamá al cuidado; pues también les reñía, como hacía mamá con nosotras, si algo era de peligro, o no era bueno para ellos...

Así paseábamos, todos juntos, explorando el mundo nuevo para los recién llegados.

Cuando fueron mayorcitos, papá los dio en adopción a una familia. El hecho, es que Luna, también nos había adoptado a nosotros. Cuando llegó mi hermanita Cuqui, y mamá ponía la cunita en el patio, Luna no se separaba de ella. Siempre cuidándonos. Si ocurría algo raro corría ladrando a avisarnos. Nunca dejó entrar una rata en casa, y eso que eran bien grandotas; sino podía con ellas, nos avisaba por donde estaban acechando, entonces era papá quien les declaraba la guerra a pala y fuego.

Su vida, siempre a nuestro lado, hasta que llego un mal día. No la encontraba por ningún lugar, ni en su casita... Ahora, vivía en el huerto de la casa; desde lo alto del patio por detrás de la casa, la podía ver allí abajo. Sola, con un pequeño bulto en la frente, no podíamos ni acercarnos ni tocarla.

Cuando desde lo alto del muro la llamaba, Luna venía enseguida y alzaba su cabeza mirándome con la cola entre las piernas. Sus ojos tenían un reguero de lágrimas. A escondidas, yo cogí la llave para bajar al huerto y estar con ella. A pesar de acariciarla continuaba triste. La vida había pegado una mala peripecia. Mientras estuvo fuerte vivía con nosotros, para nosotros; y ahora, cuando más nos necesitaba la habíamos apartado, estaba sola.

Pasaba todas las horas que podía en lo alto del huerto, le decía cosas...

Así pasaron las horas y los días, haciéndole compañía, mientras hacía un huertito al borde del muro; planté judías... Luna no se perdía detalle desde abajo en el gran huerto.

El bulto de su frente, cada día se hacía más grande, y el reguero de sus ojos también. Cuando las judías habían crecido y estaban a punto para recogerlas, Luna desapareció, mamá dijo que ya no volvería. Recogí las judías y se las lleve a mamá. Y ahí se terminó, también, el pequeño huerto.

* * *

PENSAMIENTOS

Las historias transcurren entre los años 1956 y 1966, en las montañas de los Pirineos, el pueblo: Puigcerdà.

El hecho de haber recordado y escrito esas vivencias de niñez, me ha llevado también a preguntarme por el pasado de mis padres sin mí. Cuando ellos todavía no sabían de nosotros, sus cuatro hijos, yo la segunda. Ni que su primera hijita fallecería a los tres meses de una diarrea, por alimentarla con leche de vaca; pues aún no habían llegado los polvos de lactancia artificial, y las mamas de mi madre estaban secas. Sé poco de su vida, antes de que mis hermanos y yo apareciéramos.

Mi padre estuvo 3 años en la guerra civil española, en la "quinta del biberón", con 14 años; pegando tiros es fácil de decir, la cruel realidad de una guerra es matar. Al terminar la guerra se quedó haciendo el servicio militar en el ferrocarril, eso dijo (no he encontrado referencias y si de trabajos forzados...) Nunca quiso contar nada, salvo que estuvo en el Ebro y en Pirineo leridano, y también persiguiendo maquis y mucho tiempo encerrado en el castillo de Lleida, y que no quería volver a esos lugares. Él dejó de estudiar, hubiera querido ir a la universidad y seguir en la harinera con su padre y en los campos.

Mi madre contaba, que ella vivió el paso de diferentes bandos por el pueblo, uno les rapó la cabeza a cero, además de matar a todos los religiosos... Pasaban hambre, se comían las ratas, las serpientes, ... Ella hubiera querido ser pianista.

El silencio, nada más me contaron, queriendo dejar el pasado sufrido, en que se vieron obligados a estar. Personas con sus dolores y esperanzas de mejor.

Mi padre trabajaba en la estación de tren, y su futuro suegro también; lo más probable, es que mis padres se conocieran en ese lugar.

Una vida juntos, en que se pusieron de objetivo, según la moda reinante del momento, vivir en un piso siendo ellos los propietarios, y no en una casa en el campo... Era el boom de la industria. Y para que floreciera, los medios de comunicación sembraron que la vida en el campo, y además en una casa era casi incivilizado. Se les consideraba analfabetos —tontos—, aún hoy... Es decir, nada de la posible vida autosuficiente en el campo, todos a trabajar para el sistema en colmenas... en jaulas, como los conejos de mamá.

Para reunir el dinero, tenían varios trabajos. Mi padre: en el ferrocarril, cuidar el huerto, y hacer jerséis de lana con una máquina de tricotar. Mi madre los cosía, además de criar hijos criaba animalitos, que luego nos comíamos.

Los dos, en ese periodo, eran trabajadores hasta la extenuación, y además, unos manitas. Los jerséis, con bellos dibujos de colores, para ir a esquiar. Venían clientes tanto franceses como españoles. En la época de esquí, en casa era un desenfreno, todos a trabajar; nosotros los hijos ayudábamos en pasar las madejas de lana a ovillos y en deshacer los nudos...

¿Por qué te digo todo esto? Porque las historias que he escrito no son mías, pertenecen a: mis padres, tíos, hermanos, ... animales, hierbas, ... gracias a ellos hay historias. Una persona sola no hace historia sin los otros, ya sean personas, animales o la naturaleza. Las historias pertenecen a todos ellos, no me pertenecen, son de todos.

Gracias por estar aquí.

A. Urbón

asuncionurbon@gmail.com
Adjunto a continuación unas fotos...

La Nena, Jordi y Cuqui

Eugenio y Asunción. Los papás de las criaturas

II. PERIPECIAS INAUDITAS

67

Preámbulo

De la llanura a las montañas.
Desde el desierto de los Monegros-a los Pirineos.

Son relatos inspirados en la vida misma, en que a veces nos encontramos sumergidos en peripecias inauditas. Algunas por reprochables, otras por increíbles, y otras por ser únicas. Estos tres sentidos están vivos en la historia de *La lagartija de Jaca.*

La narradora es la voz de una mamá. Ella nos cuenta las aventuras de sus dos hijitos con los animales, a veces los llevan a casa y entonces todo cambia...

Sus vidas transcurren en un pueblo pequeñito convertido en regadío, gracias a la construcción de pantanos, sino sería un secarral de escorpiones y demás.

Los fines de semana suelen cambiar de aires: de la llanura a las montañas en algo más de dos horas de trayecto.

Todo ello ocurre desde unos pocos años antes de la caída del Muro de Berlín en el año 1989, hasta los inicios del nuevo siglo; aunque eso da igual porque siempre ha habido y habrá quien tenga una relación más estrecha, incluso respetuosa y amorosa con los animales. Durante ese tiempo, unos animales se van pero llegan otros. Mientras, los niños crecen... también se van .... Solo queda la mamá que también partirá.

El Inicio...

Mi madre siempre estaba ajetreada con sus tres hijos y las labores de la casa. Mi padre era jefe de estación de tren, en los pequeños pueblos de montaña.

De él aprendí a estar con la naturaleza y los animales, además de amar al tren. En esa época, marchaban despacio y las ventanillas bajaban hasta casi los codos. Me gustaba viajar melena al viento. En las noches de verano: nos tumbamos en la hierba a ver las estrellas, buscábamos luciérnagas de luz, íbamos a cazar gamusinos... En otoño, lo más importante era ir a coger setas: los robellones. Siempre con botas que cubrieran los tobillos por si pisábamos, sin querer, a una víbora; como son pequeñas, solo podían morder la bota, o eso era de esperar. Nunca pisé ninguna.

También, quiso enseñarme a pescar; pero a veces en lugar de emplear una caña, lo hacía con un tenedor; a mí solo me gustaba acompañarle, mientras yo estaba con otros animalitos: renacuajos, ranas, mariquitas, mariposas, ... o sencillamente caminando dentro del río. Aunque siempre a una distancia, lejos de él, para no asustar a los peces; pues lo que interesaba es que se comieran el rico gusanito del anzuelo, y luego, mi padre a la trucha. Lo recuerdo dentro del río: de pie, el tronco inclinado, con tenedor en mano como si de un puñal se tratara... mirando el agua, quieto muy quieto. Entonces me parecía cómico. Tenía fama de gran pescador y de boletero más; conocía los secretos de aquellos bosques, los lugares recónditos donde crecían las setas; con nuestras navajas las cortábamos a ras del suelo, bajábamos de las montañas con las cestas llenas, aunque la mía no tanto. Luego las repartía entre los amigos y sus hermanos, o sea mis tíos. Una vez en casa, le tocaba a mi madre limpiarlas ... cocinarlas con ajo y perejil... yo ayudaba... me relamía..., imaginando el rico festín que pronto nos íbamos a dar.

Lo sorprendente es que tenía dos trabajos más: un gran huerto en casa y además tejía jerséis a máquina. Sí, jerséis muy elegantes, alegres con bellos dibujos de colores; se los quitaban de las manos... siempre había cola. Y, no era por ser paciente o sabueso como en el caso de los peces o de las setas, sino por su arte creativo.

¿Por qué te cuento todo esto? Pues verás, años más tarde, cuando yo llegué a ser mamá de dos niños, ese «hilo de la vida» continuó invisible tejiendo... y esas son las historias que te cuento aquí.

Un vestido bonito

Un día, mientras yo fregoteaba los platos del desayuno —con un cierto garbo y muy concentrada..., pues quería ir enseguida a trabajar—, de pronto oí mi nombre de batalla:

—¡Mamá!

Ahí estaba, parada en la puerta de la cocina, mi niñita adorable; lista para ir a la escuela, y paseando amorosa sus manitas por el vestido afirmó llena de gozo:

—¡Mira mamá, ahora «sí» es bonito!

Se lo había regalado su abuelita. De manga larga, con cuello redondeado y los puños blancos, el resto era de color violeta con muchas florecitas. Pero ahora, no lucían florecitas, lo que resplandecía del vestido eran muchas estrellitas; ¡y atención!, porque a través de cada una se podía ver su piel. Lo había hecho ella solita, a golpe de tijeras... durante la noche, en silencio, encerrada en su cuarto.

Así que, orgullosa de su «obra artística», y sin esperar respuesta salió disparada para el cole...

Me quedé inmóvil con plato y estropajo en mano, mirando su ausencia, pensativa... El vestido, no sé si era bonito pero impresionante sí lo era, tenía más agujeros que tela.

Era su primer año de colegio. Ella podía elegir qué ropa ponerse, siempre y cuando se vistiera ella solita.

Más tarde, a la hora de regreso del cole, yo de nuevo en la cocina, aunque esta vez acabando de preparar los detalles de la comida... Llegó Isabel y a todo tren corrió en dirección punzante a su habitación... Al poco, salió con otro vestido; sin estrellas, o sea, sin agujeros; también se lo había regalado su abuelita... Y sin decir nada se fue a la mesa y se sentó a comer... Ahora, estaba enojada y morruda: al mundo no le había gustado su *obra*.

Pero no desistió, al día siguiente se lo volvió a poner... sería la última vez. Luego, ella misma hizo desaparecer el vestido «bonito» en el cubo de la basura.

A pesar de las críticas —que imagino debió de recibir—, ella continuó revelándose a «la opinión del mundo» con más dibujos bonitos; pero no a tijeretazos sobre sus vestidos, sino con lápices de colores sobre papel, que luego pegaba en las paredes de la farmacia donde yo trabajaba. Ahí todos los clientes podían disfrutarlos y nadie le dijo nunca: ni qué feos ni qué barbaridad... cómo le pasó al vestido bonito.

Al regresar del cole, antes de subir a casa, entraba por la farmacia. Ahí estaban sus «obras» expuestas al público: mirándolas, sus ojos resplandecían... vivarachos..., luego aparecía una sonrisa de júbilo... Después miraba hacia mí, y saludaba:

—Hola mamá. Un beso... ¿Qué hay para comer?

El pipí artístico

En una ocasión cuando subí de la farmacia a casa, —por la escalera interior de caracol—, al abrí la puerta que daba a la gran terraza de la cocina, me quedé perpleja ante un espectáculo inesperado.

Era un atardecer... el sol jugaba con las gotas al aire de aquel chorro. Un sinfín de destellos alegraban el recorrido de esa fuente inquieta, que se movía como por una brisa... Esa brisa, era la mano del niño que jugaba con su manguerita, como queriendo regar el patio desde lo alto de la terraza, con arcos cada vez más altos... Su rostro se maravillaba a cada movimiento, dibujos en el aire que el sol iluminaba con destellos...

Duró poco. La fuente se apagó, por el momento...

—¡Hijo, el pipí se hace en el váter!

No respondió nada, aunque su carita decía que su pipí al sol era una «obra maravillosa». Hacía poco le había quitado el pañal, y estaba descubriendo que era eso de hacer pipi y caca a su voluntad, pero en el lugar correcto, según yo.

Quien sí dijo algo fue su hermanita, algo mayor que él. Ella también había contemplado la obra, el *arcopipíris*. Y ahí en pie, le gritó al universo:

—¡QUIERO UN PENE! —Estallando en llanto desgarrador, bramando sin cesar al mundo...

—¡QUIERO UN PENE! BUAAA, BUAAA, ...

—¡¡Isabel, las niñas no tienen pene!! —le dije muy firme.

No escuchaba y su grito continuaba implorando... Parecía que si no se cumplía iba a morir al instante.

En ese estado desbordado, le propiné una sonora bofetada... El alarido cesó, pero se quedó ausente.... Entonces el timbre empezó a sonar, los clientes me llamaban..., ante la insistencia..., ahí la dejé aún sin reaccionar, pero antes le volví a repetir despacio, fuerte y calmada:

—LAS NI-ÑAS NO TI-E-NEN PE-NE.

Poco después de atender al público, regresé a la terraza. Ahora los dos jugaban entre mil juguetes desperdigados.

Al día siguiente, con el sol de la mañana, mientras atendía a un cliente, vi nacer un *arcopipíris* justo en la entrada de la farmacia. Me disculpé y subí rápido al balcón del comedor.

—¡Daniel, el pipí se hace en el váter!

El *arcopipíris* duró un verano y la demanda de pene un instante eterno.

La lagartija de Jaca

Me subieron en un autobús de regreso a casa. Se trataba de una excursión escolar. Pero había un problema, yo no había ido a esa excursión. ¡Yo vivía en Jaca!

Ahora me encontraba en el bolsillo de un niño, para mí era una cueva muy débil por blanda, aunque si trepaba podía asomarme por la única grieta que había, y ver a esos monstruos chillones, sentados pero agitados. Sentía como unos dedos se deslizaban suave por todo mi cuerpo espantado. Como era un bebe, me dejé mimar y estaba dispuesta, si quería sobrevivir, a dejarme sorprender por la vida que ahora esa mano «protectora» me ofrecía.

De pronto, el griterío se apagó, y al ratito pude oír:

—¡Mira mamá lo que traigo de Jaca!

Abrió su mano y aparecí yo: una lagartija diminuta. Moviendo mi cabecita miré al monstruo «mamá» que era tres veces más ilustre que el niño. Ella al verme, dio un paso atrás, sus ojos se hicieron pequeños de tantas arrugas que de golpe le aparecieron. Rápido el niño cerró la mano, y me acomodó de nuevo en el bolsillo. ¡Uf, estaba salvada, por el momento!

—¡Daniel, pero si esta no es su casa!

—Estaba muy sola, perdida, ... —respondió el niño.

¡Y una mierda! Yo estaba tomando el sol tan ricamente sobre una piedra, cuando esa mano ...

En fin, que pasé a vivir en los bolsillos de Daniel. Cada día íbamos a la escuela, desde su bolsillo escuchaba y ante un silencio trepaba y asomaba mi cabecita: la mano protectora escribía y escribía. Esa mano, que luego en el recreo me ponía sobre un suelo lleno de hormigas, mi desayuno.

En casa también me llevaba a pasear sobre los árboles del patio, las macetas, ... Al atardecer nos íbamos en bici al pantano, Daniel a pescar y yo a cenar mosquitos.

Así un día sí y otro también, aunque a veces me dejaba en casa sin ir a la escuela. Desde su habitación, con la puerta siempre abierta, podía ver pasar a mamá con platos de comida de aquí para allá... ¡Comida! Me decidí a seguirla, pero no detrás, sino a su lado, a una distancia prudente, de la puerta de la cocina al comedor, y vuelta otra vez...

Yo me paraba en la puerta de la cocina, ahí yo no entraba... solo miraba el ajetreo de mamá.... comida....

En uno de los trayectos, agachó la cabeza hacía mí, como para verme mejor, luego se paró en seco, nos observamos las dos con mucha atención, y, con los ojos muy abiertos nos hablamos en silencio, esta vez con sorpresa y admiración. Una por su descomunal y robusto tamaño hacía lo alto, y la otra por chiquitina y tierna a ras del suelo. La vida no la veíamos igual.

Ahora con estupor, ella vigilaba donde ponía los pies....

Mi vida transcurría calentita en los bolsillos de Daniel, además contemplaba el mundo paseándome por sus hombros y su cabeza, siempre andábamos de excursiones... Mamá no me llevaba al campo, ni a la escuela, ni siquiera a la terraza, ... solo Daniel. Siempre yo estaba bien acompañada, protegida.

Un día Daniel le pidió, por favor, a mamá si podía estar conmigo en la terraza, a mi lado, mientras él tenía que ir a no sé qué cosa... que regresaría pronto para acompañarme en mi merienda. Sentada en el suelo, ella observaba como me paseaba entre las hojas, a veces abriendo la boca sacaba la lengua y ¡zas! algún bichito me había comido, otras dando un brinco engullía ricas moscas... Pero a mamá le llegó la hora de ir a trabajar y como él no había regresado... me dejó sola... comiendo ricas moscas.... Al poco, se acercó un mirlo negro, abrió su pico y ¡zas! me zampó.

Como mamá trabajaba en casa, enseguida volvió.... pero yo... ¡Ya no estaba allí...! Me buscó con desespero, luego el niño. Los dos sabían que ahora un mirlo tenía algo de lagartija; como ellos de verdura, pollos, cerdos y todo lo demás.

Cuentitis aguditis

Me levanté de la cama decidida a despertar a mis dos renacuajos. Y luego, a prepararles el desayuno, para que se marcharan puntuales a la escuela. Pero ese día, cuando aún no había andado ni tres pasos, mi hijita Isabel vino hacia mí con una noticia:

—¡Mamá! ¡Daniel no puede ir al colegio, tiene fiebre!

Fui directa a la habitación de Daniel, Isabel me siguió. ¡Ahí estaba! Tumbado en la cama. Al verme, enseguida se incorporó y me enseñó feliz y vivaracho: el termómetro. Me senté en su camita, a su lado, sujetando el termómetro en mi mano, pensativa y contemplando unos largos instantes los 42 grados moribundos..., por fin reaccioné:

—¡Hey! Daniel has frotado demasiado el termómetro. A 42 grados nos morimos asados.

—¿Cuál es la fiebre, mamá?

—Que pase de 37; después de los 40 es muy grave, hay que enfriar rápido.

Me lo arrebató de las manos, lo sacudió y lo restregó en su pijama hasta casi 39 grados.

—¿Y ahora, mamá?

—Ahora sí, mejor. Ya tienes fiebre. ¡Vístete, que vas para la escuela!

.

Isabel viendo todo esto de la enfermedad, ideó un plan bien distinto para ella...

Un día, ya con su abriguito rosa y cartera en mano, estaba lista para ir a la escuela, pero en el instante en que iba a abrir la puerta de la calle, se dio media vuelta y se plantó en la puerta de la cocina; donde como siempre, a esa hora, yo fregoteaba los platos del desayuno:

—Mamá, hoy no voy a la escuela. ¡Tengo fiesta!

Y desapareció, para volver a aparecer en un periquete, pero sin abrigo y sin cartera.

—Isabel, hoy no es fiesta. Marcha a la escuela, ahora mismo.

—Mamá es fácil. Tú puedes escribir un papel para el maestro, que estaba enferma. Y ya está, fácil. ¡Hoy tengo fiesta!

—¡NO! Isabel, hoy no tienes fiesta. Tú tienes que ir a la escuela a aprender cosas y yo a trabajar para poder comprar comida, tu ropa, tus juguetes...

—NO, NO. Tú puedes escribir un papel y ya está. ¡No voy!

A la mañana siguiente, al acercarse la hora de ir a la escuela. Isabel agitaba en su mano un papel y un lápiz:

—¡Mamá, el papel para el maestro! —Alargó la mano y me lo dio.

Me senté en la mesa y empecé a escribir despacio y con muy buena letra. Mientras ella observaba muy atenta. Al terminar... le di el papel. Isabel recogió la nota y muy atenta leyó en voz alta:

Señor Maestro,

Ayer, Isabel no pudo asistir a la escuela por sufrir un ataque agudo de "Cuentitis Aguditis".

Gracias por su labor y paciencia.

Un saludo cordial

Carmen

—¡Ah! He tenido "Cuen-ti-tis A-gu-di-tis".

—¿Sabes lo qué es? —le pregunté.

—SÍ. SÍ. "Cuen-titis Agu-ditis"

Sin querer saber nada de los síntomas y menos por su curación... Y repitiendo "Cuen-titis Agu-ditis" con voz alta y victoriosa, dando alegres saltitos, se fue a la escuela.

Al mediodía, de regreso del cole, sufría un robusto ataque agudo de «morritis aguditis», que a la pobre le impedía hablar; pero no para comer, ni tampoco para ir a la escuela.

Los renacuajos

En las verdes montañas, en un valle estrecho... Allí abajo, entre dos ríos, había un pueblecito... donde vivían sus abuelos, y allí su abuelo le enseñó a pescar truchas.

Pero al contrario, nosotros vivíamos en una llanura seca, muy cerca teníamos un desierto, y a lo lejos veíamos la silueta de las montañas. Y claro, el pueblecito no tenía ríos, pero sí pantanos. El agua la traían por un canal para ir regando los campos, dar de beber a los animales y a nosotros mismos.

A pesar de que en los pantanos no había truchas, Daniel iba de pesca para luego tener la cena, tal como hacía en verano con su abuelo. Así que, durante el invierno la pesca cambiaba de lugar.

Con sus amigos partían rumbo a los pantanos: todos montados en bicicleta, y con sus perros corriendo tras ellos como posesos, con la lengua fuera pero el rabo en alto; o sea, todos contentos.

Después, ya de noche, al llegar a casa con los pescaditos, Daniel los limpiaba con esmero; yo en algo le ayudaba para asegurarme que quedaran bien limpios antes de ir a la sartén. Esa era su cena, con ensalada y patatas fritas.

La tarde anterior, él había pescado unos peces «nuevos»: tencas, y ya fritos en el plato, tenía que buscar con ayuda del tenedor —y con mucha delicadeza—, la carne entre un millón de espinas.

Ahora se acercaba la hora de cenar. Me preguntaba que traería hoy. Esperaba... Por fin apareció con el cubo «negro» de la pesca, pero dentro no había ningún pez, estaba lleno de agua hasta más de la mitad. Observé bien y no veía nada. Entonces, Daniel situó el cubo bajo la luz de la cocina; así, prestando atención pude ver unos brillos buceando... unos bichos pequeños como guisantes con rabito, pero negros como el carbón..., dando vueltas sin parar...

—¡Huy! ¡Daniel! ¿No pensarás cenar renacuajos? —le dije.

¡No, no era la cena! En realidad, lo que Daniel quería era verlos crecer; es decir, como le salían las patitas... hasta convertirse en ranas... Me pareció una idea descabellada.

—¡No Daniel! Llévalos donde estaban.

Pero al día siguiente, los renacuajos negros seguían allí, en el cubo.

—Daniel, te he dicho que los lleves donde estaban. —insistí de nuevo.

—Sí. Tranquila, cuando les salgan las patitas.

—¡No! Con las patitas saltarán del cubo. Esto es una terraza, no un río, ni una charca, ni un pantano. ¡Llévalos a su casa!

—¡Tranquila mamá! Pondré una malla en el cubo. Los voy a cuidar muy bien.

—Daniel... Se morirán... No es su casa. ¡¡Llévalos!!

—Vale... —respondió Daniel con cierta desilusión.

En los días siguientes, solo pescaba peces feos y los devolvía al agua. No por feúchos sino por tener más espinas que carne. Total, que en lugar de cenar sus peces: comía los huevos del corral, ...

Una tarde, al querer yo bajar a la farmacia por la escalera de caracol, nada más abrir la puerta: ¡ZAS! mi pie dio una patada a un cubo negro lleno de agua que bajó rodando peldaños abajo, hasta dar con el suelo y ahí estaba el laboratorio.

De inmediato, fui a buscar lo necesario para recoger el agua. Al regresar, oí los chillidos vigorosos de Maite que subían desde abajo:

—¡CORRE, CORRE! ¡Está inundado de ranas!

Entré primero en un extraño desconcierto. Todo el laboratorio había sido tomado por las ranas «verdes», ahora libres del cubo: no paraban de saltar ágiles y alegres de un lugar a otro, del laboratorio pasaron al almacén. ¡Tantas...! que había que mirar dónde poner el pie.

Las dos trabajábamos juntas, y juntas recogimos las ranas verdes: a saltos como ellas, de brinco en brinco, de una en una... las fuimos metiendo en una bolsa, cerrando rápido para que no salieran...

Mientras pegaba brincos tras ellas, me acordé que antes las pruebas de embarazo se hacían con ancas —patas— de rana. Pero ello no era ninguna excusa para que estuvieran en el laboratorio: eso había pasado a la historia. Y me imaginaba que si ahora se presentara una inspección de farmacia..., la situación sería tan ridícula como increíble.

Cansadas y sudorosas, no dejamos ninguna rana saltando. Y con todas ellas en las bolsas, llamé a Daniel que aún no se había enterado...

—Iba a cambiarles el agua y a darles de comer... —dijo Daniel.

O sea, cada día las cuidaba mientras yo estaba en la botica...

—¡Acompáñame, por favor! Vamos a soltarlas en el mismo lugar que las cogiste. Ya tienen patitas...

Los dos subimos al coche rumbo al pantano. Daniel iba indicando por donde teníamos que pasar: que si todo recto, que si gira a la derecha, que si de frente, que si a la izquierda, que si hacía delante... hasta llegar al sitio de donde partieron: un punto concreto del pantano... Anochecía..., veíamos el agua calmada como un espejo, sin viento... Nos bajamos y con las bolsas en la mano, yo me senté en el suelo casi al borde del agua. Luego, Daniel también hizo lo mismo pero a unos 10 metros de mí. Entonces, abrí la bolsa: en un plis plas, saltaron a la tierra, a las piedras... Al primer brinco se quedaban quietas contemplando el pantano, luego sin mirar atrás —o sea, a mí—, arrancaban brincando como locas de felicidad directas al agua. Por contra, Daniel abrió su bolsa con delicadeza: metía la mano, sacaba una rana, la acercaba a sus labios, y los dos con un beso principesco —de morrito a morrito— se despedían; luego, con suavidad la ponía sobre la tierra. Para mi sorpresa, sus ranas no salían escopeteadas al agua, sino que permanecían dando brincos a su alrededor. Así, una a una.... se fueron quedando en «su tierra», brincando de esa manera tan especial, como solo ellas saben hacer.

Las cucarachas y la lechuza

No soy una persona miedica, ni tampoco me dejo acobardar con facilidad. Planto cara a situaciones feas, esas que no deseamos porque nos dañan. Por ejemplo: hace unos días sonó el timbre de madrugada, y como estaba de guardia farmacéutica, sin dudar bajé adormilada; cuando abrí la puerta, hicieron acto de presencia dos hombres de mediana edad, bajitos, regordetes y tripones: el señor alguacil del pueblo acompañado de su ayudante, diciéndome como si fuera una prescripción facultativa: «Venimos a follar». No sé cómo pude despertar de golpe, y me sorprendí respondiéndoles: «¡¡fuera de aquí!!», y, al mismo tiempo que ellos daban un paso al frente para entrar sí o sí, yo conseguía cerrar la puerta aplastando sus narices. De inmediato, desde el otro lado, me dieron un aviso alto y fuerte, como si estuvieran dando otro de sus pregones... que todos empezaban igual... "Por orden del señor alcalde se hace saber...", pero cantado a ritmo veloz, con tono grave y directo al mensaje: «¡Que no te folle nadie de fuera del pueblo, "nosotros estamos primero"!». «¡¡Que locos!!» pensé. Ese par de bárbaros, aún no se habían enterado de que ya no estábamos en el siglo X, en que el deseo de la jerarquía de mando, era un dogma divino al que había que someterse sin vacilar. ¡Qué barbaridad! Estábamos a finales del siglo XX.

Te he de decir que hacía poco me había separado... En el pueblo era la primera vez que alguien «osaba» dar ese paso: romper el contrato matrimonial. Estaban escandalizados... me había convertido en «un mal ejemplo», y, lo repetían cansinamente: «La farmacéutica del pueblo ha de "dar buen ejemplo"»; hasta el cura metió su nariz divina, —él que nunca antes había entrado en la farmacia—, se presentó justo a la hora de mayor público: la de la consulta médica, y, delante de la gente fue directo al tema:

—Me presento: soy el cura de aquí; aunque nunca te he visto en misa...,
vengo a decirte que «tú» —la farmacéutica del pueblo— debe dar
buen ejemplo, no puedes separarte ni divorciarte, «recapacita...»

—Pues por eso mismo —le respondí sin hacerle esperar—, doy ejemplo
de que hay que «saber cambiar» cuando algo no va bien, porque de lo
contrario nuestra salud sufre.

El cura se quedó en trance, cavilando la situación..., después sentenció:

—Ahora, al salir de aquí, voy a la iglesia a pedir tu excomulgación, y, tus
hijos nunca podrán recibir los sacramentos. ¡Tú verás lo que haces! —Y
sin esperar respuesta, dio la espalda, y empezó a marcharse despacio,
con una oreja vuelta algo hacia atrás, como esperando oír de mí: un
lamento desgarrador y suplicante; una súplica que nunca le llegó.

La realidad es que cuando oí la palabra excomulgar me pareció no solo
un buen ejemplo, sino también una idea excelente: dejaría de formar
parte del mejor «relato de miedo y de terror» jamás contado; que,
aunque fuera de ficción, sus voceros a veces dejaban y otras imponían
a las personas a participar como actores activos, so pena sino de ser
quemados vivos... es decir, a vivir el relato como real sí o sí.

En esos días, en plena revolución «del buen ejemplo», ocurrió que
una tarde: justo cuando yo pasaba por el medio de la plaza del pueblo
—con sus gentes: unos charlando, otros paseando...—, de un periquete,
como por arte de magia, un individuo me asaltó, por lo que me sentí
protegida para hacerle frente en el instante que me agarró: queriendo
arrastrarme a la fuerza a no sé dónde y me gritaba como un poseso:
«Ahora solo vas a follar conmigo, sino te mato. Tú, ahora, eres mía
y de nadie más, sino yo te mato». Con una energía inaudita en mí,
reaccioné a golpe de patadas en espinillas ajenas, y de un puñetazo
certero en la boca de su estómago, me quedé libre, quieta en el medio de
la plaza; mientras, él agarrado a su estómago, salía corriendo. Entonces
vi otra realidad: mi completa soledad; en la plaza, antes llena ahora
no había un alma; por no haber, no había ni gato ni perro alguno.
Sentí el abandono cruel, y también, sus miradas punzantes tras los

cristales... «¡Que cabrones!» pensé. Entonces vino a mi memoria la historia de un compañero farmacéutico, que harto de las imbecilidades bárbaras del pueblo se marchó, y, el último día les sacó «su grandote culo desnudo» por la ventana. Me preguntaba si yo haría lo mismo.

LA NOCHE

Y con estos dos últimos acontecimientos, aún calentitos en mi espíritu, ocurrió lo que quiero contarte... Y es que una noche, me despertaron unas pisadas. Pisadas que se acercaban hacía mi habitación despacio... Abrí los ojos como grandes soles, buscaba alguna sombra o luz en esa noche negra. Entonces mi corazón empezó a latir desbocado, luego como si se parara para dejar de golpear ruidosamente las costillas...; bajo las sábanas, mi cuerpo se hizo pequeñito. Esperando el momento de sentir esa presencia sobre mí... no llegaba... los pasos se alejaban..., luego otra vez de regreso..., como si dudara del momento oportuno para quien fuera que fuese. Me sentía rígida como una piedra, con un desasosiego más grande que la luna llena, todo se había detenido, nunca iba a terminar esa desazón horrorosa. Deseé que ocurriera lo que fuese que tuviera que pasar; pues mi defensa en ese estado de piedra helada era nula y mi sufrimiento abrasador. Esperando aterrada... se hizo de día.

A la siguiente noche, con la ventana abierta para que al menos iluminase las sombras, puse debajo de mi cama un palo gordo, de manera que estirando el brazo lo podía coger. Con la esperanza de que no se atreverían a volver... Pero de nuevo me despertaron las pisadas horripilantes... Moviendo lentamente el brazo como entre algodones, para que el silencio fuera sepulcral, cogí el palo y así esperaba tumbada, —y armada—, la entrada de la pisada espantosa... Pero como en la noche anterior, no llegó a entrar...

Al día siguiente, coloqué con esmero dos cerrojos dentro de casa: uno en la puerta para salir a la calle, y el otro en la puerta de la cocina que daba a la terraza grandota.

Antes de ir a dormir, me aseguré de que las puertas estuvieran cerradas no solo con llave sino además atrancadas con el cerrojo. Con la seguridad de que todo había terminado, me fui a dormir... Pero otra vez esos pasos aterradores, ¡maldita sea! Dándome cuenta de que: «¡mierda, no había mirado dentro de los armarios!». ¿Y ahora qué? me preguntaba. Cogí el palo de debajo de la cama, y con él en mano «cual espada», decidí que iba a ir a su encuentro, a terminar con ese horror nocturno... Cuando de repente se dejó sentir un ruido nuevo, no podía decir lo que era, pero si un ruido como de mil arañazos, todos juntos, resonaban en mi pecho con eco profundo y desgarrador, sin parar...

Tenía que resolver ese horror, terminar como terminara; de manera que: con palo en mano fui dando pasitos como si anduviera sobre nubes..., hasta llegar a la puerta; asomé lentamente la cabeza... esperando encontrar al individuo y sus ruidos rasgadores... No había nadie, pero apareció entre la penumbra, sobre el suelo, en medio del comedor, un bote grandote como un taburete; mientras me acercaba, los ruidos se iban haciendo cada vez más fuertes; ya a su lado, rechinaban estremecedores... penetraban hasta el fondo de mis entrañas. ¡¡Caray!! Si todo está cerrado... Aquí solo estábamos mis dos hijitos durmiendo, el bote espantoso y yo.

Olvidándome de los pasos estremecedores... Decidida, encendí la luz. Quería saber que había en su interior con ese ruido desgarrador... Para mi sorpresa, se trataba de un tambor de polvos para la lavadora... Como queriendo mirar solo un poquito, fui levantando despacio la tapadera por un lado... la lámpara iluminó a unos seres diminutos presos de pánico encarcelados... Haciéndome la valiente acabé sacando toda la tapadera... Entonces aparecieron cientos de cucarachas grandotas, gordinflonas, y de ese color a mierda... trepaban unas sobre las otras. Una montaña de ellas a casi rebosar el bote... ¿Qué *poñones* hacían ahí? ¿Qué significaba? Tapé el cubo y con él, fui decidida a la alcantarilla del patio, lo vacié y con la manguera de riego las envié a bucear en las aguas *pipirinianas* del alcantarillado... Y para asegurarme de que no volverían:

espolvoreé —alrededor de la alcantarilla y de toda la casa— con polvos asesinos.

Cuando terminé, me dije: «¡Uf! ¿Y ahora qué? ¿Y las pisadas?» ¡Que raro, raro...!, me daba cuenta que no había mirado bajo las camas, ni dentro de los armarios, ni bajo el sofá.... de puntillas regresé a la cama, deseando no ser observada en la oscuridad por una mirada oculta y punzante...

A la siguiente noche antes de acostarme, —después de pasar los cerrojos—, comprobé que no hubiera nadie en los armarios ni dentro ni encima; como tampoco debajo de las camas, ni del sofá ...

Pero... de nuevo me despertaron esos pasos... sin esperar y como estaba segura que nadie podía entrar, ni haberse escondido... Me levanté con el cuidado de ir como volando, en silencio... Al llegar a la puerta asomé la cabeza, y pude ver la luz encendida del cuarto de mi hijito Daniel, su puerta estaba abierta de par en par... Me acerqué y ante mis ojos apareció Daniel sentado en su camita leyendo un cuento, aunque no estaba solo, a su regazo había una lechuza que también leía el cuento muy atenta. Tras unos momentos de sorpresa, les interrumpí la lectura, aunque no se inmutaron, los dos me miraron con ojos chispeantes de un mundo de fantasía. Solo les dije, ¡es hora de dormir, mañana hay escuela!

Entonces comprendí: primero, por qué no había forma de despertarlo por las mañanas, y casi siempre iba con retraso a la escuela; y también, —lo más importante—, de que las pisadas no eran terroríficas, sino inocentes e ingenuas de un mundo de color....

La sensación siniestra se esfumó, ahora me sentía sorprendida y calmada... Y así me dormí.

Al nuevo día, pregunté a Daniel ¿Que hacía una lechuza en su cama? Su respuesta fue sencilla: vivían juntos desde hacía tiempo..., porque la lechuza era un bebe que había perdido a sus papás..., que estaba tan sola..., que por las noches le daba de comer cucarachas...; y luego, la sacaba a pasear.... En cuanto a la lechuza llegamos a un acuerdo: Daniel la dejaría durante la noche en el suelo de la terraza, libre... Y así una cierta noche ella voló...

¿Por qué no hay suelo?

Una noche, ya de madrugada, yo convencida de que estoy durmiendo, va y me despierta el timbre de la calle, muy fuerte e insistente. Como estoy de guardia toda la noche, tengo que abrir rápido, porque si no acaban quemando el timbre. Sin encender las luces, en completa oscuridad, me levanto veloz, pero mis pies no encuentran el suelo. Buscándolo, mis piernas se agitan, los pies patalean veloces como un pato a la carrera... «¿Por qué no hay suelo?», me pregunto. Estiro mis brazos, con mis manos busco las paredes, tampoco hay nada. Entonces, pienso convencida que es un sueño. Al poco, escucho un golpe fuerte y seco. Soy yo, que he tocado suelo, ahora estoy sentada al estilo zen. Allí, en la negrura esperando despertar, pero el sueño sigue y el timbre insiste; me voy incorporando despacio, buscando la luz, no quiero hacerme daño, no vaya a ser que no sea un sueño. Cuando consigo ir descendiendo las escaleras despacito, me voy dando cuenta de la realidad. Había cambiado de cama y no era el piso «uno», sino el «dos» de la litera.

El águila real

Durante la semana trabajaba, no de sol a sol, sino hasta la extenuación. Todo gracias a que ahora hay energía eléctrica, es decir, ya podemos trabajar a «todas las horas». Cuando terminaba mi jornada laboral, me esperaba otra: las labores domésticas. Soñaba la llegada del fin de semana para escapar a la madre naturaleza, sin contacto apenas o nulo con otros seres de «dos patas» como yo, pues mi labor era atenderlos siempre, a todas horas. Así era mi trabajo, en esos tiempos, en una farmacia de pueblo, siempre a disposición —de y para— el pueblo, las veinticuatro horas.

Pues bien, el fin de semana llegó, y como de costumbre —al terminar el desayuno— puse en el maletero del coche: pan, embutidos, fruta, agua, la bota de vino y los socorridos frutos secos; los impermeables, la brújula, una manta térmica y una pequeña navaja.

Mis dos hijos pequeños de 4 y 5 años, se subieron rápido a los asientos de atrás. Isabel, la mayor, iba con su abrigo rosa; no quiso ponerse el anorak, sino el abriguito «rosa» que su abuelita le acababa de regalar; y yo acepté, a pesar de saber que volvería hecho una mierda. «¡Para eso están las lavadoras!», pensé.

Arrancamos hacia las montañas... Cada fin de semana buscaba nuevos lugares. Esta vez iríamos a lo alto de un acantilado, al que se podía llegar en coche.

Al llegar al pie del acantilado, subimos despacito por un camino tortuoso de tierra y piedras, a un lado la pared de piedra, al otro el precipicio, hasta llegar a la cima: al pequeño llano.

Al fondo del barranco pasaba el río, lo podíamos ver serpentear desde lo alto. Era un día cualquiera de febrero en pleno invierno. El sol nos acompañaba y una brisa fresquita nos acariciaba...

Paseábamos por la azotea del acantilado, cada uno descubriendo desde ahí la lejanía o cercanía de las cosas. Todo era paz, brillo y mil verdes colores en contraste con el azul del cielo. Me gustaba ubicarme en el mundo, identificar las montañas que se veían a lo lejos por su nombre, … Y estando en esa guisa —absorta— también veía un águila real volar en círculos pausados y majestuosos. Estábamos cada uno por su lado, desperdigados en lo alto, entretenidos cada uno a su manera. Daniel con las plantas y animalitos, Isabel en el camino escudriñando piedrecitas. Y yo, en el centro del pequeño llano, mirando… Podíamos ver la inmensidad de la lejanía, tan solo girando en círculo sobre nosotros mismos.

Cuando de pronto observé como el águila dejaba de volar en círculos, y se dirigía hacia Isabel en picado, casi al momento ya estaba llegando: con las patas, no pegadas a su cuerpo sino extendidas hacia el suelo, con sus garras bien abiertas, dispuesta a coger algo, ¡¡a mi hija Isabel!!, que estaba en el camino seleccionando piedrecitas a unos cincuenta metros de mí.

Miré a Daniel, en ese instante él corría veloz hacia el precipicio, y, el águila hacia Isabel, «¡¡uno de los dos iba morir!!», pensé. Rápido corrí, volé —como nunca antes lo había hecho— en dirección a Isabel y me tiré volando sobre ella al mismo tiempo que el águila llegaba, no me importaba que le rompiera las costillas del golpetazo, lo importante era que se me llevara a mí. Con Isabel aplastada bajo mi cuerpo, esperaba el momento de salir volando agarrada por el águila. Sabía lo que me esperaba, me soltaría desde las alturas para que muriera al chocar contra el suelo, luego una vez muerta se me comería. Alguien encontraría a mis niños… El momento no llegaba, impaciente gire la cabeza: a un palmo de mi nariz estaban sus patas tan recias como las mías; sus dedazos amarillos y robustos, terminaban con unos ganchos enormes negros y afilados, abiertos, dispuestos a agarrar ¡ya! Cruzamos nuestras miradas, la suya con esos ojos… me pareció la más fea que hubiera visto nunca: me miraba enojada clavándome su pupila…; su boca con un fuertísimo garfio negro afilado, que le llaman pico. Giré de nuevo la cabeza, no quería ver. Me decía a mí misma que cuando ella me lanzara al vacío:

yo abriría los ojos, pues sería lo último que yo vería: la belleza de la naturaleza.

Esperando unos instantes muy largos no sentí el agarro... Isabel bajo mío, —nada decía—, y para mi sorpresa tampoco lloraba... Ni la sentía moverse. Me preguntaba entonces si no la habría matado al desplomarme sobre ella... Giré de nuevo la cabeza, ya no estaba ahí. La busqué por el firmamento, tampoco la veía. Lentamente me fui incorporando, consternada, y no sé cuántas cosas más indescriptibles. Isabel yacía inmóvil, boca abajo, sobre el suelo. La levanté con delicadeza. No tenía nada roto, ni un chichón, nada... pero continuaba sin decir nada, estaba como yo. En choque.

Ahora mi pensamiento voló a Daniel, me preguntaba si por instinto de supervivencia se detuvo en el borde del precipicio. Entonces me asaltó una nueva inquietud: si el águila cambió al final y arremetería contra él. Pronto lo iba a saber, debía tener calma, al menos una niña dependía de mí. Le di la mano, «vamos a buscar a Daniel», le dije. Y empezamos a andar, no sé por qué extraña razón, muy pero que muy despacio subimos del final del camino al terraplén del acantilado.

Al llegar, vimos lo más hermoso de los aconteceres posibles, Daniel sentado en cuclillas justo al borde del acantilado, mirando la infinitud del entorno, como yo había estado haciendo hasta que llegó el águila. Me inundó una serena alegría por la vida, por estar en ese bello lugar, y sobre todo sentía gratitud hacia el águila, de que en el último instante decidiera «cambiar de menú». Las dos nos acercamos en silencio, observando toda la inmensidad a nuestro alrededor. Al llegar junto a Daniel continuamos unos momentos mirando la lejanía sin más. Le ofrecí la otra mano a Daniel: «vamos a otro lugar, esta es la casa de las águilas, no la nuestra». Empezamos a bajar con prudencia, sin tocar el freno, hacia el llano entre esas montañas: a comer en la orilla del río, donde había más gente —de dos patas— como nosotros.

Esa noche al llegar a casa, lo primero que hice fue tirar el abrigo rosa a la basura. ¿Por qué? A él le di la culpa, por ser «rosa», el color de la carne tierna, y no a mi responsabilidad por «meterme en casa ajena».

El grito

¿Has dormido bajo las estrellas? ¡Hey! No en el balcón de tu casa sino en un lugar lejos de lo que solemos llamar civilización.

Pues bien, mis hijos ya tenían cinco y seis años, y pensé: «es el momento de llevarlos a "descubrir el cielo estrellado"».

Con esa idea, un fin de semana —viernes por la tarde— puse en el maletero del coche, lo mínimo necesario para sobrevivir en esos lares durante dos días. Luego, partimos rumbo a las alturas: las montañas; tras dos horas conduciendo, por fin, nos adentramos en la pista forestal: nos llevaba hasta la pradera, a una altura de unos 2000 metros. Llegamos, y como si fuéramos unos bichitos intrusos anduvimos cuidadosos, explorando lo que ahí había: hierbas, animales, arbustos, riachuelos... Respirando sus olores frescos, escuchando los murmullos, ... Alrededor las esbeltas cumbres blancas: mirando al sol... lloraban complacidas, sus lágrimas se deslizaban montaña abajo; luego, al llegar al prado, se iban reuniendo en arroyos calmados.

El coche estaba aparcado muy cerca, a unos quinientos metros más o menos. Cuando llegó el anochecer elegimos un punto entre riachuelos —pero apartado de ellos— por prudencia. Y entre los tres fuimos montando la tienda de campaña, una iglú. Primero, con ayuda de una piedra la clavamos en el suelo con esmero, luego montamos el esqueleto con unos palitos larguiruchos y flexibles; y por fin la recubrimos con la lona impermeable. Miré a nuestro alrededor: no había nadie más acampando, estábamos «solos».

Del maletero descargamos lo imprescindible para cenar: un pequeño camping gas para hacer la sopa de sobre, y por la mañana poder calentar la leche... Ellos dos fueron al arroyo a buscar agua, para hacer la sopa; la puse a hervir, la dejé borbotear un poco más por aquello de matar microbios; y mientras, se hizo de noche, apareció la luna. Nos sentamos en el suelo, sin encender las linternas, con la luna y las estrellas nos bastaba; les acomodé el plato de sopa y a comer, luego carne rebozada que traía de casa, y fruta.

Al terminar de cenar, lo recogimos todo —menos el camping gas— prestando atención a no dejar ningún resto de comida, para no atraer durante la noche a los animales del lugar.

Los tres —tumbados sobre la hierba— veíamos infinidad de estrellas, tantas que parecían tocarse unas con otras... la Vía Láctea; busqué, por ahí arriba, los «dos cazos»: la Osa Mayor, y la Osa Menor con la Estrella Polar en la puntita de su mango; y se los presenté. Luego, una estrella que no brilla: el planeta Saturno. Aunque te he de decir que lo más misterioso de la noche era «esperar»: la aparición de una estrella fugaz y pedirle un deseo. Mientras, les contaba historias: que si un hombre andó por la luna..., que si una perrita dio vueltas alrededor de la tierra... Y también, para que no entraran en ansiedad por la inmensidad del universo... y por nuestra pequeñez, que nosotros —les decía— somos hijos de este pequeño mundo, que fuera de él nos incomoda porque hemos nacido para vivir aquí, no en las estrellas... Hasta que empezamos a bostezar, entonces nos metimos cada uno en su saco, bien colocado sobre la esterilla, y cerré la puerta del iglú con su cremallera.

Con la ayuda de la linterna me cercioré, que ellos dos, tenían bien cerradas las cremalleras de su saco, todo para evitar el frío de la noche. Apagué la linterna, se hizo la oscuridad, era el tiempo de dormir. Pero, durante la noche nos despertó un grito «desgarrador». Encendí la linterna. Daniel sentado, lloraba gritando a las estrellas: ¡UN BICHO, UN BICHO! Isabel y esta servidora nos pusimos a buscar al bicho, sin embargo, el bicho no aparecía.

Daniel continuaba gritando muy espantado, decía que era una «araña». Qué raro... en casa, las arañas eran respetadas, vivían por nuestras ventanas; ellas se comían a nuestros enemigos los mosquitos. En silencio removimos —incluso— hasta debajo de las esterillas. Ahí no había nada, ni una hormiga... ni una araña.

—¡Daniel, no hay nada! ¡Míralo tú mismo! —le dije con voz tranquila pero contundente. Y con la linterna paseaba su luz sobre el suelo..., las paredes... y también por el techo del iglú. Él observaba atentamente en silencio, repetí hasta que quedó convencido y tranquilo.

Isabel decía:

—Pero ¿cómo puede tener miedo de un bicho, si siempre está rodeado de bicharracos y de animales?

¡Isabel, «ese bicho» era un sueño!

Soñando voy

Estoy conduciendo..., la noche es tan negra que solo veo al fondo: la luz de la autovía y los camiones cruzando... De pronto, me doy cuenta que estoy llegando al stop de acceso. Pero hay un problema: es que voy muy acelerada. El desastre es inminente: o choco al azar con algún camión, o bien, si los viejos árboles del otro lado lo permiten, nos vamos a pastar al campo. ¡No me importa! «El desastre me despertará», pensé. Pero... ¿Y si no fuera un sueño? Bueno, y aunque lo fuera, ¡puedo cambiar el final! Por lo tanto, con todas mis energías, quiero decir las del coche y mis habilidades, voy disminuyendo la velocidad en el punto justo para no derrapar en volandas..., cruzo la autovía... logro parar en el arcén opuesto, aunque en dirección contraria.

Entonces, a mi espalda oigo con unas vocecitas "¿mamá, por qué paramos?", y sin girar la cabeza les respondo: "Tengo que descansar un poco, vosotros dormid"

Allí, yo aguardaba el final de mi pesadilla, la cama. Y mientras «esperaba sentada», un coche negro de esos de la policía se acercó y me preguntó que hacía parada a esas horas de la noche; no sé porque extraña razón, me mordí la lengua para no decirles de sopetón: "espero despertar en mi cama". Y les conté el sueño. Al terminar mi relato, fue entonces cuando de verdad desperté al mundo.

Habíamos pasado el fin de semana con nuestras mochilas acuestas, andando por las montañas, entre pequeños lagos... Cansados, bajando de regreso al coche, y ya casi llegando, el cielo se vistió de negro, luego soltó agua con enojo, además la temperatura cayó. En ese estado de fatiga, mojados y con mucho frío..., al subir al coche, encendí veloz la calefacción, cerré las ventanas... ¡Pues, ala, carretera abajo! Era muy estrecha, de esas que apenas caben dos coches y que detrás de una curva viene otra, y siempre a un lado el precipicio... Mientras tuve que prestar atención a las curvas, todo fue bien; pero al llegar abajo, a la aburrida carretera recta casi como un palo, ahí el sopor... Y no solo el aburrimiento, tal vez lo más importante es que: no había dejado mi ventanilla un poco abierta, para que entrara aire fresco...

Ellos, los agentes, me ayudaron a girar el coche en el sentido correcto y prudente... Ahora, mi ventanilla no tenía una abertura sino que «abierta total».

Llegan Luna y Clotilde

Hay lugares en que existe «el amor libre»; es decir, aparece según la naturaleza con quien le plazca y quiera. Ahora bien, para los animales domésticos no es así, incluso son «mutiladas» por su dueño: cuando una perra pare, los cachorros son tal vez eliminados, si el campesino piensa «que no necesita tantos perros en el campo». Así fue, como llegó la perrita Luna a casa. La rescatamos de una muerte certera. Ahora, en casa vivían tres infantes guerreando; la perrita y mis dos hijitos. Ellos le daban de comer, le cepillaban el pelo, la sacaban a correr por los campos, y sobre todo a la plaza del pueblo con los amigos. Los tres en armonía bailando la vida.

Así pasó el tiempo, cuando una tarde paseando con Daniel por los campos, él señaló en lo alto de un arbusto un nido de urracas, sus bebés asomaban las cabecitas contemplando el mundo a su alrededor... ¡Oh! En ese momento salió lo peor de mí: —¡Quiero una, la voy a amaestrar! Daniel, como buen hijo obediente, trepó y cogió una con ternura, y luego en nuestras manos, ... —la pobre ya no vería más a sus padres... ni viviría en su «placer» natural—. Daniel la llevaba entre sus manos, durante el camino de vuelta pensamos un nombre... se llamaría Clotilde.

Al llegar a casa buscamos cuál sería su casita perfecta: su «nido». Los dos lo tuvimos claro: en lo alto del tendedor de la ropa, una caja de zapatos llena de palitos.

Desde ese día todos cazábamos moscas para Clotilde, ella con mucho gusto se las comía. A los pocos días alzó su primer vuelo: desde el tendedor al suelo. Pero, no sabía remontar el vuelo de regreso. La cogíamos del suelo y la poníamos otra vez en lo alto de su casa. Así, hasta que aprendió a lanzar el vuelo, también desde tierra. Luego, volaba de cabeza en cabeza, las nuestras. Y siempre desde las alturas, ella observaba todos nuestros quehaceres, y de vez en cuando graznaba pidiendo su comida. Si no la atendía con prontitud, se ponía en mi hombro y berreaba a lo grande. Entonces se añadía Luna pidiendo también para ella...

Como me pusiera a cocinar, enseguida tenía compañía: Clotilde se posaba en el tenedor de la terraza o en el lomo de la puerta, observando cuidadosamente todo el proceso, ...

Ahora, íbamos a pasear por los campos con la compañía de Luna y también de Clotilde volando sobre nuestras cabezas; a veces, ellas dos hacían carreras: una por patas y la otra a volandas.

Si íbamos de excursión en coche, todos observábamos por las ventanas el vuelo de Clotilde, ella también venía. No importaba los kilómetros que hiciéramos, al llegar a destino y bajarnos del coche: Clotilde se posaba de hombro en hombro, y parecía decir:

—¡Ya estamos todos, ya hemos llegado! ¿Y ahora qué?

Las desapariciones

Durante el día Clotilde desaparecía por algún rato, es de suponer que iba por libre a explorar el mundo; pero nunca se perdía ni una sola excursión, aunque fuera en coche. Desde las alturas sabía dónde estábamos cada uno. Ella tenía preferencia por quedarse en casa con la perrita Luna en lugar de ir a la escuela. Mientras yo atendía al público en la farmacia, podía verlas a las dos, se ponían en la acera de enfrente: Luna sentada sobre la acera mirando a la farmacia, y Clotilde posada en el alerón del tejado. Si yo tardaba en salir porque no entraba gente, entonces las podía ver por la ventana de atrás: una subida a la rama del árbol; y la otra, bajo su sombra, sentada en el suelo. Las dos mirando a la ventana, a mí.

Quien sí desapareció por un interminable tiempo fue la perrita Luna. En ese momento, no conocíamos todavía a Clotilde; aún estaba por llegar, «por nacer» al mundo. Ocurrió un día en que nos fuimos de excursión a la playa, a más de doscientos kilómetros de casa.

Al llegar, lo primero que hicimos fue aposentarnos en el hotel. Luna también tenía su habitación, era una linda casita en el patio. Enseguida cogimos las toallas y nos marchamos a la playa. Cuando nos acercamos al mar, ya en la playa, Luna nada más ver las olas salió corriendo con el rabo entre las piernas, gritando como si algo le hubiera hecho un daño desgarrador. Daniel a la carrera la pudo coger, y le quiso enseñar a ser amiga de las olas. Nos dimos cuenta que era la primera vez que veía el mar.

Pero ella seguía muy acongojada a pesar de estar con nosotros. En fin, que nos pusimos a recoger conchas y a jugar con las olas dejándola —sentada— al cuidado de las toallas. Cuando regresamos yo no estaba allí, la llamamos y la llamamos; anduvimos voceándola, playa arriba playa abajo, y nada. Tristes, decidimos regresar al hotel andando algo más de quinientos metros. Al llegar no estaba en su habitación, pensamos que no regresaría pues seguir el rastro, el olor sobre el suelo, en ese lugar donde transitaba tanta gente... ¡Imposible! Después de cenar reanudamos su búsqueda a pie, en coche, ... y ni rastro. Nos preguntábamos, como era muy amorosa y amiga de la gente, si alguien se la habría llevado.

Por la mañana nos levantamos tempranísimo, dispuestos a acudir de nuevo en su búsqueda. Cuando al salir, en la puerta de su casita, ahí apareció Luna: sentada y moviendo el rabo, alegre al vernos. Y nosotros también, aunque sin rabo, se lo manifestamos con mil abrazos.

El plan de salvación

Algunas de las ausencias de la urraca Clotilde, era porque la señora se iba a la casa del vecino. Y según mi vecina, se sentaba en su sofá a ver la tele. Cada día protestaba de lo mismo. Hasta que un día, se hartó y sentenció con una calma y frialdad extraordinarias:

—Si vuelve a mi sofá, la cogeré y le retorceré el pescuezo. —Mientras sus manos hacían el gesto retorcido.

Sabiendo que era muy capaz, ideé un plan urgente de salvación; pues la señora Clotilde era amiga de los humanos. Les expliqué a mis dos hijos lo que ocurría y con ellos pusimos en marcha «el plan de salvación». Por la tarde, al salir de la escuela, nos montamos en el coche, pero a la urraca la metimos en una caja para que no pudiera ver por donde pasábamos. Y a Luna la dejamos en casa encerrada. Nos dirigimos a un lugar nuevo para Clotilde, un pequeño bosque de pinos grandotes, a unos 15 km de casa; en él vivían muchas urracas. Al llegar, cogimos la caja y buscamos el punto y momento concreto para abrirla con profunda pena.

Abrimos la caja, ella salió... como siempre..., pero nosotros no esperamos a los saludos habituales, sino que salimos como los ladrones: lo más rápido posible. Sin mirar por las ventanas para verla volar, como solíamos hacer... llegamos a casa sin Clotilde, nos parecía imposible que no nos hubiera seguido... ¡la muy lista! Esa noche, yo me preguntaba si ya habría hecho nuevos amigos, si buscaría su comida... Y así me dormí. Pasaron los días y no regresó.

En ese pequeño bosque, en el medio oculto por los árboles, había una gran casa: ahí vivían más de sesenta subnormales adultos, y, además locos. Yo, casi cada día, iba a gestionar su medicación; hacer el seguimiento de que todos los medicamentos les sentaban bien y cumplían su función: tener a los «tontos locos» felices y sobre todo tranquilos. Desde que dejamos a Clotilde ahí, en ese lugar, yo lo que hacía nada más llegar, era recorrer con la mirada: las urracas posadas

en lo alto de las ramas, buscando a Clotilde. Para mí era imposible distinguirla. Pensaba: «ella reconoce al coche y a mí también. Seguro que me está viendo, y nada me dice. O sea, está mucho mejor con los suyos. ¡Magnífico!». Aunque meses más tarde volvería...
Pero a Luna no le fue mejor, aunque en otro sentido. Un día, estando yo atendiendo a la gente en la farmacia, Daniel se acercó a mi nervioso implorando:

—¡Mamá! Luna está tirada en el suelo, hace unos movimientos muy raros, saca espuma por la boca.

Fuimos veloces a donde estaba, llamamos al veterinario y nos dijo que estaba sufriendo un ataque epiléptico. Debíamos ponerle enseguida una cánula de diazepam por el culo, y una cuchara en la boca para que no se partirá la lengua con los dientes. Así lo hicimos, y al poco rato volvía despacio en sí. Estuvimos todo el tiempo con ella, acariciándola. Luego nos enteramos de que su madre era epiléptica.

En fin, ahora en el botiquín del coche siempre había «un plan de salvación» para ella: una cuchara y una cánula rectal. Cuando se repuso completamente, estaba como si nada hubiera pasado, pero percibimos que desde ese día era más calmada, o sea, menos juguetona.

Llegó Michina

Mientras mis dos hijos —ya adolescentes— estaban cada uno a sus labores estudiantiles, yo trabajaba en la farmacia con la compañía de Luna, que iba y venía a sus anchas, era amiga de todos los clientes, y más en un pueblo pequeño en que todos se conocen, pues ella también: si llegaba un forastero al pueblo ladraba, nos avisaba. Esperando que le diéramos el visto bueno al visitante, entonces callaba.

Un día, por la mañana, mientras ordenaba un montón de papeles, estando sentada en la mesa blanca y grandota de trabajo, apareció de repente ante mis ojos: un pequeño gatito, con el pelo a manchas negras y marrones. Al verme que le miraba, sin apartar sus ojos chispeantes sobre mí, acomodó su culo encima de uno de los muchos papeles, como si siempre lo hubiera hecho. Y me miró como diciendo:

— ¡Bueno! ¿Y ahora, qué haces?

Así que, continué organizando papeles bajo su atenta mirada. Cuando terminé, se paseó tranquilamente por todos los papeles como si los fuera a leer...; luego, de un brinco se tiró al suelo, cayó de cuatro patas y se largó a la calle... Luna tumbada en su alfombra, contemplaba la escena sin inmutarse, más bien con placer. Me di cuenta de que ya se conocían, pero de la calle.

Por la tarde vino otra vez, y a la mañana siguiente también... Le hice bolas de papel y las puse sobre la mesa. ¡No veas, como las hacía rodar, volar...!

Le pregunté al vecino —una herrería— si sabía algo del gatito, y resulta que era una hija de su gata; que ya grandecita daba sus primeros pasos: salía a descubrir el entorno en que le había tocado vivir. Me comentó que buscaba a alguien que la quisiera adoptar. Regresé a la farmacia, y, en estas llegó Daniel, él ya sabía de mi nueva amistad, y le comenté lo dicho por el herrero...

—¿Se la regalamos a Isabel? —sugirió Daniel con una sonrisa enorme, mientras su cara se le iluminaba de felicidad.

—¡Me parece una idea estupenda! —respondí sin dudar un instante.

Ahora, aún no hacía ni un mes que vivíamos en otro pueblo, a unos 5 km. Era, también, una casa con su patio; en una calle cerrada, sin paso de coches, al lado del campo; solo seis vecinos.

Mientras yo terminaba mi trabajo, Daniel fue a buscar a la gatita, luego se puso a preparar el regalo: cogió una caja pequeña de cartón, le hizo mil agujeritos con un destornillador, puso la gatita dentro, cerró y la decoró con un estupendo lazo de color rosa. Muy contentos los dos, emprendimos el regreso a casa. Nos subimos al coche, Daniel con la cajita en su regazo. Al llegar, Daniel se bajó con la cajita en mano; los dos estábamos ansiosos de entregar el regalo.

Isabel al oírnos llegar, bajó de la habitación; nosotros la esperábamos a pie de escalera, con el obsequio en nuestras manos. Al llegar a nosotros le dijimos a dúo:

—¡Te traemos un regalo! ¡Es para ti!

Se sentó a pie de la escalera, lo abrió y apareció la gatita. Quietecita, pero *chispireta* observándonos. De pronto, Isabel con ademán brusco y desagradable sentenció:

—¡¡No la quiero!! —y nos devolvió el regalo.

Nos quedamos aturdidos, anonadados, ...

Le insistimos desconcertados, e Isabel no sólo no cambió de opinión, sino que se hizo más repulsiva y desapareció escaleras arriba.

Nos quedamos los dos, —Daniel con la gatita en brazos, y yo con la caja y el lazo—, de pie en silencio. Pasados unos momentos. Le dije a Daniel:

—La cuidaremos nosotros.

—Qué raro, raro, raro... —decía Daniel.

—Dejemos a Isabel, está en su derecho a decir «no». Si no quiere, no quiere.

Entonces, los dos iniciamos la bienvenida: primero, le enseñamos a la gatita toda la casa, luego cuál era su cojín: en lo alto de una butaca, —pues a los gatos les gusta estar en las alturas—, y otro en el suelo.

Además, el lugar de comer y beber, en el patio: bajo el hueco de la escalera, con su plato y bebedero; junto con el de la perrita Luna.

Así llegó Michina a la nueva casa. Ahora éramos cinco, por el momento...

Picris Echioides

A los pocos días, se presentó Isabel en casa con un perrito. Lo había escogido entre varios de una camada. Daniel y yo, nos dimos cuenta de que era muy tonto. Nada *chispireta*. Por eso, le propusimos que fuera a cambiarlo y que eligiera al más listo. ¡Pero no! ¡Se quedó con él! a pesar de que le insistimos que realmente era el más tonto. Ella argumentó que el pobrecito era el más «indefenso» y que por eso lo eligió. Y así fue, que a los pocos meses, estando el perro en la calle: una calle de culo, cerrada, en la que no pasaban coches, solo los que salían y entraban en el garaje de las únicas seis casas. Nosotros estábamos en la última, tocando el campo. Pues bueno, estando el perro en la calle, frente al garaje de nuestra casa, tumbado al sol hacía su siesta —que es lo que siempre solía hacer a esas horas—; cuando de repente se oyó un grito desgarrador. En ese momento, Isabel estaba arriba en su habitación, pero al oír el chillido bajo veloz a la calle, y regresó con el perrito en bracitos: le salía sangre por la boca y la nariz, lloraba con vocecita muy apagada, estaba agonizando. Nos preguntábamos: «¿cómo era posible? ¿Qué ocurrió?» Cuando bajó, en la calle no había nadie. Lo llevó ipso facto al veterinario, a un paso de casa; pero nada se podía hacer por él, estaba reventado, un coche lo había atropellado. Lo acomodó en el cojín más mullido que pudo encontrar en la casa. Y sin dejarlo de acariciar, a las pocas horas murió en sus brazos. Isabel explotó en mares de lágrimas. No podíamos entender cómo era posible atropellar a un perro en frente de nuestra casa, en que el único coche que pasaba era el nuestro, pues como te he dicho era un culo de calle.

Al día siguiente, eligió el sitio adecuado para enterrarlo: en el patio de casa. Con su hermano y conmigo, los tres con palas en manos, excavamos un agujero, después Isabel acomodó al perrito en el fondo. Cuando ella lo dijo, comenzamos a taparlo, despacito y dulcemente, con la tierra empapada en lágrimas de Isabel. Se llamaba Picris, que significa «amargo». En honor a la planta *Picris echioides*. Lo que ocurrió en realidad, es que Picris no era tonto, sino que el pobre era sordo. Y algún vecino sabedor, un hijo de puta.

Regresa Clotilde

En la nueva casa, mi habitación consistía en la buhardilla: en el techo tres grandes claraboyas, el aseo con bañera de hidromasaje y un hogar de leña. ¡Un lujo! Debajo de una ventana, sobre el suelo, acomodé un colchón por aquello de ver las estrellas... Solía dormir con la ventana entreabierta, me gustaba sentir el aire fresquito de la noche.

Una mañana, me despertó un graznido intenso, al abrir los ojos estaba —en el suelo— frente a mis narices, mi amiga Clotilde mirándome. «¡Oh! ¡Ha vuelto la urraca!» me dije. Alcé la cabeza, y apoyándome sobre el codo, le sonreí; entonces ella me contó algo, mientras andaba muy resuelta, de aquí para allá, como lo haría un maestro ante sus alumnos, y se paraba para —agitando sus alas— hablarme cara a cara, a menos de medio metro ante mis ojos; yo la escuchaba muy atenta.

Cuando creyó que me lo había dicho todo, se despidió mirándome muy resuelta, luego a la ventana, y otra vez a mí. Me dijo adiós y salió volando al marco de la ventana, allí se posó y de nuevo me dijo adiós, el último.

Entendí perfectamente: Clotilde comprendió que no podía vivir más con nosotros en el pueblo; por eso no volvió y estaba agradecida por su nuevo hogar. El que realmente era el suyo, y que sabía que nos habíamos cambiado de casa. Que junto a sus amigas urracas me veía llegar a la suya, cuando yo iba al centro asistencial; que me siguió para saber de nosotros... Así supo del cambio de hogar. Que ella estaba bien y veía que nosotros también. Daba las gracias y no volvería más. Y así lo hizo, no la volví a ver; pero «ella si nos veía».

Michina trae un ratón

La gata Michina entraba y salía de la casa cuando le placía, igual que la perrita Luna. Si la puerta estaba cerrada maullaba o hacía ruido arañándola. Aunque, le gustaba estar más fuera que dentro.

Le dábamos ovillos de lana: los arrojaba al aire... al caer los cazaba..., de nuevo los lanzaba... A la que nos dimos cuenta, ya se había hecho mayor, entonces cambió los ovillos de lana por los pajaritos, los ratones...

Algunas mañanas al abrir la puerta de la cocina —la que daba al patio— nos encontrábamos sobre la alfombra un hermoso ratón negro, peludo... muerto. Era un regalo para nosotros de Michina. Sin que ella lo pudiera ver, cogía al ratón y envolviéndolo entre papeles de periódico, lo llevaba —rauda y veloz— al basurero de la calle. No es que fuéramos desagradecidos, es que nosotros no comíamos ratas. Recuerdo a mi madre, que cuando no quería terminar la comida del plato, me decía:

—Cuando yo era pequeña, en mi casa comíamos ratas y serpientes, no había otra cosa.

¡Pobre! A ella le tocó vivir la guerra civil española. Y ahora, la Unión Europea ha dicho que nos permite comer gusanos, langostas, grillos, cucarachas. ¿Y todo por qué? Por necesidad, pues cada día hay más personas viviendo en este pequeñito mundo y la comida no llega para todos.

Michina compartía con nosotros su caza: un delicioso manjar de carne, el ratón. Y nosotros con ella las sardinas.

Luna y Michina científicas

Luna y Michina derrochaban picardías y siempre estaban dispuestas a nuevas peripecias. ¿Por qué digo esto? Pues porque llegó un momento en que se me encendió una idea en que ellas dos podrían ayudarme.

Hubo una época en que me dio por la ciencia, se trataba de un trabajo de investigación sobre el incumplimiento terapéutico, y necesitaba una foto. La quería para preparar un póster que expresara la cantidad de medicamentos que se tiran por el váter, porque hay pacientes que hacen ver que se lo toman... Así que, tiré al váter un montón de cápsulas vacías de las que tenía para preparar los medicamentos cuando alguien los necesitaba.

Una vez hecho esto, llamé a las dos, y les pedí que se pusieran sobre la ventana del váter mirando al pajarito: las cápsulas. Y clic, foto hecha. A cada una les mostré mi agradecimiento con unas cuantas carantoñas.

Ellas felices y yo también. El trabajo fue presentado y expuesto en el congreso científico de turno...

Andando para arriba

La Peña Montañesa (Huesca)

Una vez, nos fuimos la perrita Luna y servidora a caminar por las montañas. Eran unas montañas rocosas, abruptas, muy irregulares; es decir un cúmulo de piedras gigantes: una peña, La Peña Montañesa —así la llaman. Se podía ir subiendo casi como las cabras, hasta la cima también muy irregular. Iba con mi pequeña mochila a cuestas, dentro los garbanzos, los frutos secos y un poco de agua. Las dos empezamos a subir a lo bravo, sin seguir ningún camino ni senda. Luna a veces dando saltos de aquí para allá y yo vigilando bien dónde ponía el pie. Pues ya te he dicho que el suelo era de piedras enormes, muy irregulares y entre las grietas habían crecido plantas que llegaban a cubrir las rocas. Una pisada mal dada y la caída estaba asegurada, con el riesgo de continuar cayendo al precipicio...

Las dos felices andando para arriba, yo de vez en cuando miraba cuánto faltaba para llegar arriba, y también me giraba para ver cómo la gente y las casas empequeñecían... desaparecían al ir subiendo. Ya habíamos llegado a un punto en que al mirar atrás, hacia abajo, parecía que ahí nadie existía, solo el verde... Me gustaba ese punto, si tenía algún humo de superioridad, ahí se me desvanecía todo, pues hacía un momento existían personas y después nada, o eso parecía. Continuamos subiendo, pero de pronto Luna se paró enfrente de mí con furia..., rabiosa..., ladrando como si me fuera a matar..., rugía enseñando los dientes afilados..., me dio miedo y paré de andar en seco. Ante cualquier intento de mover un pie, ella volvía a enfrentarse amenazadora de un buen ataque mortal. Me daba cuenta de que la cosa iba muy en serio, no podía comprender ese cambio de actitud hacia mí, me parecía imposible. Ahora era agresiva, asesina. Ahí de pie frente a ella, —unos tres metros nos separaban—, mirándola; ella tampoco me perdía de vista.

Entonces tuve una idea. ¿Y si me está avisando de algo? ¿De qué? Solo se me ocurrió una cosa, con el palo que llevaba empecé a querer clavarlo en el suelo lleno de hierbas frente a mí; y resultó que a medio metro de mí, el palo se hundía sin poder tocar fondo; busqué un palo más largo y tumbada en el suelo busqué el fondo de la grieta... nada, y era incapaz de tocar el otro lado de la grieta oculta por la espesa maleza. Luna continuaba observándome atentamente, con el rabo entre las piernas. Me fui incorporando despacio, una vez de pies miré a Luna: le sonreí y le dije:

—¡Luna, vamos para casa!

Alzó el rabo al universo y de un brinco espectacular se puso a mi lado. Le di las gracias con muchos mimos. Luego, las dos felices empezamos a descender atentas, con buen pie. Ella delante mío, yo la seguía.

Abrir la puerta

A veces no vencer la pereza tiene consecuencias feas. Como me pasó a mí una vez o tal vez más.

Verás. Un día saco el coche del garaje, me bajo para cerrar la puerta, y me subo de nuevo; empiezo a maniobrar para salir en dirección al trabajo, cuando veo aparecer en la puerta del garaje a Luna, con su mirada habitual: triste. Últimamente le daban ataques epilépticos muy seguidos. Y cada vez estaba más débil, ya no podía saltar por la verja.

Nos miramos y yo pensé: «nada que no bajo abrirte. Continúa por los campos». Había estado todo el día fuera de parranda no se sabe dónde.

—Hasta la noche —le dije. Y me fui.

Al regresar no estaba esperando como los demás días. Tampoco apareció en el transcurso de la noche, ni a la mañana siguiente. Pregunté a la vecina Pili, y me contó que la vio en una parada de la feria con unas mujeres. Ese día, en el pueblo había fiesta con chiringuitos por las calles. «¡Ya está!» pensamos las dos: «"se la han llevado, pensando que era abandonada, por su mirada triste, y andares lentos y delicados"». Me preguntaba qué sería de ella cuando le diera un ataque, pues nosotros con la rapidez de un rayo le poníamos la cánula por el culo. Claro, si eso le ocurría estando con nosotros, pero si iba por libre eso era otro cantar... ¿La mimarían? ¿Pero por qué *poñones* no le abrí la puerta? ¿Tanto me costaba bajar y abrir? ¡Manda huevos!

Nada más supimos de ella.

Desde que la perrita Luna se marchó, la gata Michina se quedó en el campo de al lado mirando: la casa..., el patio..., la entrada por la verja... Por mucho que la llamara no venía ni entraba en casa... si me acercaba salía corriendo... Un buen día, fue ella quien llamó a maullidos desde el campo de al lado... Salí a su encuentro, al llegar junto a ella me agaché: su pelo lucía con mil porquerías grises pegadas, sus ojos sucios lloraban mierda...; toda su higiene personal, a lametazos van y vienen, brillaba por su ausencia...

Ahí, de cuclillas: quise acariciarla... llevarla a casa... pero al quererla coger sacaba fuerzas para arañar... no quería; me hablaba a los ojos con maullidos apagados y delicados... «Ven a casa, te cuidaré» yo le decía. Pero no quiso, y empezó a andar muy decidida hacía los campos... Al poco se giró, me miró y maulló delicadamente... el último adiós. Comprendí que partía a morir en soledad, escondida en los campos. No la seguí, pero los días siguientes yo iba en su búsqueda allí donde estuviera, se escondió muy bien. Nunca la encontré.

Llega Esquizo

Al poco tiempo, Daniel se presentó en casa con Esquizo: un perro tan grande como un caballo —exagero—; enseguida me saludo muy efusivo con sus dos patas sobre mí, —de esta manera, sin querer— me lanzó contra la pared, llenándome de besos —en su idioma: lametazos con su lengua gigante—. Sí, ¡fue una buena entrada!

—Pero Daniel ¡¿A dónde vas con un perro tan grande?!

—Es para que me defienda. —contestó convencido.

—¿De qué? ¿De la gente? ¡Ya te vale! Él que te ha de defender en la vida: eres tú mismo. —No se puede pasar la pelota a nadie... Y le pregunté:

—¿Qué significa: Esquizo?

—Pues de esquizofrenia, esquizofrénico. —respondió apelando a la ciencia.

—¡Carajo! ¡¿No había otro nombre mejor para llamarlo?!

—No. Ese es el nombre de cómo está el mundo. —afirmó Daniel. Y yo queriendo darle una vuelta optimista le dije:

—¿Y otro significado que sea más positivo?

—Sí mamá. Ya lo pensé: exquisito.

—¡Eso está mejor!, exquisito de exquisitez... —y me quedé observando sus modales finos y delicados... la lengua fuera tirando babas a cada paso que daba: al suelo, a mis piernas...; y por si fuera poco, en el sentido de comida: todos somos un menú «exquisito» para que otro coma. Llegado este punto de pensamiento decidí que lo mejor era parar y «callar». Y solo dije:

—¡Bienvenido Esquizo!

Unos se van y otros vienen....

El final...

Daniel ya vivía a su aire en otro lugar, lejos. Solo vino a verme, y también, a presentarme a Esquizo. Él se había convertido en adiestrador canino. Isabel en agrónoma surcaba los campos de la España profunda. La casa, sí ya era grande, ahora me perdía en ella.... Me di cuenta que no necesitaba tanto para vivir, ni *tanto* trabajar. Lo dejé todo y me instalé en la gran ciudad. Desde ahí, como punto de partida y de regreso, estuve trabajando durante unos cuatro años hasta jubilarme, en muy diferentes lugares del norte de España; desde el mar Atlántico al mar Mediterráneo. Cada lugar es especial y único, con sus códigos propios que hay que conocer. El que más me sorprendió —por mi ignorancia— fue un lugar increíble y perdido. Sí, digo «perdido» porque para llegar era toda una aventura. Además, casi deshabitado: algo más de cien personas desperdigadas al borde del mar. No todas juntas, como en un pueblecito, sino en pequeñas casas con sus grandes campos y las vacas. Era en una franja de unos cinco kilómetros de ancho y teníamos dos barreras: de frente el mar y detrás una cordillera de altas montañas. Bien, ahí atrapados en esa pequeña inmensidad, había un hospital y un tanatorio y entre los dos una farmacia, mi lugar de trabajo. Sus clientes eran los que llegaban al hospital; y más tarde volvían si salían vivos. Cada día, antes de entrar a la farmacia, leía muy atentamente las esquelas..., me admiraba descubrir que la gran mayoría tenían más de cien años... ¿Por qué? Movían su cuerpo hasta el último suspiro: trabajando en el huerto, en los campos, con los animales, andando siempre de aquí para allá; no por jubilados se sentaban delante la tele y ya está. Además, sus comidas caseras... todo del huerto hecho en casa.

Luego, en la farmacia, mientras atendía a la gente, podía ver por las ventanas a las vacas pastando, a los caballos... Yo vivía en una casita en medio de los campos, a dos kilómetros de la farmacia; y un poco más allá, a menos de quinientos metros estaba el mar. Cuando terminaba el trabajo, regresaba andando entre las vacas ... y me acercaba hasta el borde de ese mar bravo; muchos días rugía con fuerza atómica. Desde casa lo veía y lo oía: todo eran acantilados.

Llovía un día sí y otro también, para mí lo peor era la humedad: lo normal y saludable es un sesenta por cien. ¡Pues bien! siempre estábamos en noventa o más. Teníamos que tener el deshumidificador en marcha siempre, eso quiere decir con las ventanas cerradas; yo no solía ponerlo, por ello al final empecé a sentir que tenía huesos... ¡Mala señal!, tocaba marchar, ya habían pasado seis meses. Además mi misión tocaba a su fin: la robotización eficiente de la farmacia entre vacas y caballos.

En ese entorno que parecía tan salvaje, no había víboras, pero si otra cosa. Estuve viviendo con uno de ellos.

Descubrí su presencia, porque un buen día la señora decidió presentarse. Era como una culebra pequeñita, de menos de cincuenta centímetros, de un negro muy elegante y con su tripita de un bello y potente color amarillo. ¡Pues bien! Se puso tiesa en el medio del comedor, viéndome pasar del baño a la cocina, de la cocina al baño... mientras me miraba con asombro —según yo—. Y servidora la miraba como si ya la conociera de siempre.

Al llegar a la farmacia, lo conté, y su reacción fue de escándalo y miedo por ser venenosa su mordedura. Bueno..., dije: «tal como entró ya saldrá, yo nada le voy a hacer». Y por la noche, al regresar del trabajo, vi que me esperaban en la casa con la puerta abierta, el propietario y unos vecinos. Al llegar me señalaron con el dedo el suelo —¡Mira! —me dijeron.

—¡Ahí la tienes! —Insistieron, porque yo no reaccionaba, lo que veía era una sombra de lo que fue: como un pellejo negruzco desinflado y el amarillo solo se intuía. La encontraron debajo del sofá y de un martillazo dejó este mundo. Les di las gracias... Antes de marcharse, me aconsejaron vivamente que buscara por la habitación, sobre todo entre las ropas de armario y cama, pues ahí no habían mirado por ser muy privado...

Y eso hice, pero nadie apareció. Además, me riñeron por tener las ventanas abiertas, pues según ellos por ahí entró. Pero yo sé que no. Entonces comprendí, porque aparecía una fila perfecta de cáscaras de grandes cucarachas en todo el pasillo de la entrada, desde la puerta de la calle hasta el comedor. Algún día, de vez en cuando, las barría sin entender palabra. Pensé que tal vez el viento las traía, pues a la puerta de la calle le faltaba un dedo para tocar el suelo; aunque me parecía muy raro que estuvieran siempre tan bien colocaditas en fila india. Y era por ahí que la señora entraba y salía: por la puerta. Entonces rellene el hueco con papeles de periódico muy prietos. Y yo salía y entraba por la puerta de atrás. Cada día vigilaba si había movimiento en los papeles. Nada, todo quietud.

¿Quién era la señora? Nadie lo sabía. Pensaron que tal vez alguien la habría traído al lugar para repoblar; sí así fuera, no les parecía bien, pues no era autóctona... estaban preocupados... pues habían aprendido que el amarillo era una señal de peligro —si no era un canario o un plátano—, y eso la sentenció... le quitó la vida.

Esta vez, al escribir estos pequeños relatos... repasando mis historias vividas en el transcurso del tiempo... Me he dado cuenta de lo importante que es el *tiempo* y en que consiste: Vivir. El Tiempo para cuidar, atender, disfrutar de mis hijos, también de los amigos, ... relacionarme con los demás..., pasear...; incluso, pensar en las musarañas... dejar vagar la mente. El trabajo me absorbía —me robaba— ese tiempo de oro: el mío. Ahora cuando hablan sobre que trabajamos como máquinas, entiendo muy bien las consecuencias: muy graves; pues uno no vive su vida en relación con los demás, ni siquiera con uno mismo, sino con *la cosa* del trabajo.

Con lo que ahora sé, sería ama de casa, que es mucho... La atención de los hijos, a uno mismo, a los demás.

Pero el problema es: ¿de qué se vive para comer? Aunque con poco es suficiente si quitamos todos esas cosas que realmente no necesitamos.

* * *

OTROS LIBROS PUBLICADOS

Creatividad
https://books2read.com/Creatividad
Ideas de autoempleo
https://books2read.com/IdeasDeAutoempleo
Entrenando Tu Cerebro
https://books2read.com/EntrenandoTuCerebro
La vida como obra de arte
https://books2read.com/La-vida-como-obra-de-arte
Que filosofar es aprender a morir
https://books2read.com/Que-filosofar-es-aprender-a-morir

SUSCRIPCIÓN a nuevos libros en:
https://www.smashwords.com/profile/view/urbon

Para contactar:
AsuncionUrbon@icloud.com